高校

現代《いま》を生きるヒント

倫理が好きだ!

坂口 克彦　村野 光則　和田 倫明　編

高校倫理研究会 著

清水書院

はじめに

この本は、高校「倫理」を教えている教員（および、これから「倫理」を教えたい研究会メンバー）たちによって書かれました。

私たちが好きな思想家について、その全貌ではなく、テーマやポイントを絞って取り上げてみました。どこから読んでもよく、一つ一つは短い時間で読み切れるようにしました。では読んでみようかな、と思っていただけたとしたら、ここから先はお読みいただくことはありません。早速、どこかのページからでも、本文に取りかかって下さい。

ここからの話は、私たちがこの本を書こうと思った、その成り立ちについてです。

私たちはみな「倫理」が好きで、授業をすることが好きです。そして、「倫理」が高校生にとってとても大切だと考えています。世の中のさまざまな問題について、その深いところで「なぜ」と問いかけて、人間を、社会を、いろいろな角度から見直し、考え直していくことを学ぶのは、まさにこの科目ならではのことです。難しい問題をすばやく正確に解くことではなく、人類が何千年と問い続けてきたけれども、決して正解が見つからないような倫理的な問題に、じっくりと取り組むことが「倫理」の理想です。

私は五十代後半ですが、高校時代には「倫理・社会」という必修科目があり、高校生全員が学びました。しかし「現代社会」という科目ができて、「倫理・社会」は「倫理」と名前を変えて選択科目になってしまいました。

その後、学習指導要領はたびたび変わりましたが、「倫理」が必修科目になることはありませんでした。そうなると、大学入試からも徐々に消えていきます。残念ながら、入試で選べなくなると、高校で選択する生徒も減っていくのが現実です。学ぶ生徒が減るということは、教える教員の需要も減るということです。「倫理」を教えたくて教員採用試験に合格しても、「倫理」の授業を持つことができるとは限りません。結果として「倫理」を専門とする教員は減ってしまいます。

学習指導要領や大学入試制度が変わるたびに、私たちは「倫理」が大切な科目なので、ないがしろにしないでほしいと訴えてきましたが、その声はなかなか広がらず、届いてほしいところにも届きませんでした。人間としての在り方生き方を学ぶことが必要だ、心の教育が必要だ、自ら考える力を養うことが大切だと、様々なことが言われるたびに、それは「倫理」の仕事なのにと思うのですが。

確かに、「倫理」の授業の内容や方法が古くさいという批判もあります。「○○という哲学者が○○と言いました」ということをただ覚えていくだけの暗記科目になっているのではないかと言われることがあります。入試対策が中心となると、効率よく知識を詰め込む必要が出てきて、理想とする授業がやりにくくなる面もあります。入試科目から外れると履修者が減る、入試科目になると入試対策が主になる、というのは「倫理」に限ったことではありませんが、どうにも苦しいジレンマです。

しかしその中でも、すでに私が教員になった時代から、いろいろな授業の工夫は続けられ、今も新しい取り組みが行われています。そのいくつかは、本書の中にもおさめられています。

ただその一方で、長い年月を経て受け継がれてきた思想家の考えには、やはりそれだけの価値があり、私たちは授業の中できちんと扱っていきたいと思っています。倫理的な問題には、決定的な「正解」はありません。だからといって、さあ自由に考えなさいというだけでは、実際にはその「考える」ということすらできずに、混乱して終わってしまうことが多いのです。そんなときに、ソクラテスや孔子やカントやニーチェが、こんな風に考えて、こんな風に語っているということが、自分自身で「考える」ために大いに役立つのです。

高校「倫理」の大切さを伝えたいと言いながら、この本では、教科書の重要事項を網羅したり、受験によく出る人物を扱ったり、そういうことは一切していません。私たちが取り上げたのは、各人がこの科目に魅かれるきっかけとして出会った思想家たちです。だから、定番と言えるソクラテスやカントも勿論いますけれども、教科書の扱いでは小さなリオタールや富永仲基もいます。逆に、受験によく出るデカルトとかロックとか本居宣長とかは出てきません。

教員の書いたものですから、授業や高校生の様子も出てきますが、教員や高校生だけではなく、まず一般の方々に読んでいただきたいという気持ちをこめて書こうとしました。私たちはいわゆる学者ではありませんし、専門が哲学や倫理学の者はむしろ少数派ですから、学問的な本を書いたのでもありません。少しでも多くの人たちに手に取ってもらえて、高校「倫理」をなくさないでほしい、と思っていただきたいという気持ちで書きました。

この本が出る頃には、また新しい学習指導要領が示されているかもしれません。その中で「倫理」という科目の行く末がどうなっているのか、正直なところ不安を感じてもいます。しかし、どのような扱いになっていたとしても、変わらない私たちの思いが、どうか読者のみなさんに伝わってほしいと願っています。私たちはこれからも「倫理」の授業を大切に育てていきたいと思っています。

（編集委員代表　和田倫明）

目次

第1章

善さや正しさをどう考えるか

学校の勉強では、問題を解いて、答え合わせをします。つまりあらかじめ正解は決まっていて、自分の答えがその正解と「合っている」かどうかを確かめます。学校ではそれが当たり前ですから、教師に「さてこの問題の答えは」と質問されて、「いやだなあ先生、答えを知っているくせに！」と返す生徒は、まずいません。

でも、世の中で私たちが直面する問題というのは、正解があるものばかりではありません。それどころか、様々な答えがあってそのどれもが絶対的な正解とはいえないことのほうが、ずっと多いと思います。新製品の開発をしていても、営業成績を上げようとしていても、気持ちの良い接客の工夫をしていても、私たちは「さてこの問題の答えは」と自問しつつ、より良い答えを求め続けています。「倫理」は学校の中でも、そういう正解のない問題を問う科目の一つです。そして、そのもっとも根本的な問題が、「何が正しいのか」「何が善いのか」という問いです。

《プラトン》理想とイノセンス

理想主義者というと、無理なことを求めて夢見ている人というような、否定的な響きがあります。今の世の中では分が悪そうですが、かといって現実主義者というのも、お金や地位にこだわりの強い、面白味のない人のような言われ方です。しかし哲学では、理想主義はプラトンの、現実主義はアリストテレスの流れをくむ思想を指しますし、生き方としても考え方としても、どちらも誰にでも備わっているかもしれません。

◆「理想主義者」プラトン

「理想と現実」のギャップに悩まされる、誰しもそういう経験があるのではないでしょうか。理想の自分、理想の友人、理想の結婚相手、理想の就職先、理想の上司、理想の体型、理想の年収…。でも現実は、というと…。人間というものは、なかなか現実に満足できない、欲望に囚われた生き物です。「足るを知る」ということは難しく、いつまでも理想を追い求めてしまう、その一方で、理想を追い求めることで人間はいつまでも前向きで、新鮮でいられるのかもしれません。

紀元前四~五世紀に活躍したプラトン。日本で言えば弥生時代を生きた哲学者です。西洋哲学は「プラトンに対する一連の脚注」という評もある程の、哲学史上における最重要人物ですが、「現実主義者」アリストテレスと対比される「理想主義者」でもありました。

本名はアリストクレス。彼の体格にちなんだとの説がありますが、「広い」を意味するプラトンというあだ名が定着しています。名門に生まれ、二〇歳でソクラテスの弟子となって哲学の道に足を踏み入れます。その後二八歳の時、師ソクラテスは都市国家アテネの民主政（世界初の民主政治「デモクラチア」が行われていました）の下で裁判にかけられ、死刑を求刑されます。この理不尽に際し脱獄を勧めた友人もいましたが、ソクラテスは逃げも隠れもせず、国法を破る不正で魂を汚すより、魂に配慮して「善く生きる」ことを選び、毒杯をあおって刑死します。その顛末《てんまつ》は『ソクラテスの弁明』や『クリトン』に記された通りです。求刑理由は国家の認める神々以外の新奇な神霊（ダイモン Demon ＝悪魔の語源）を信じ、青年達に害毒を与えたことによるものでした。ソクラテスは己の評判や金銭、地位にばかり執着し堕落していたアテネの人々に対し、そんなことよりも精神性、つまり人間として真に善い生き方・真理を追求しようと正論を吐いた人物です。皮肉な見方をすれば、当時のアテネの民主社会は現代日本の写し絵のようにも思えます。少数意見の尊重という留保がついているにせよ、民主政治が多数決の論理で動くことは言うまでもありません。よって、民主政治は社会を構成する市民の良識を前提とするのです。しかし愚か者達の多数決である衆愚政に堕落していたアテネの民主政は、ソクラテスを刑死に追いやってしまいました。そのことを生涯恨んでいたのでしょう、プラトンは著書を残さなかった師の思想を対話篇という形式で書き残し、後年は理想的な国家のあり方を論じたのでした。

哲学者とは、つねに恒常不変のあり方を保つものに触れることのできる人々のことであり、他方、そうすることができずに、さまざまに変転する雑多な事物のなかにさまよう人々は哲学者ではない、ということであれば、いったいどちらの種類の人々が、国の指導者とならなければならぬだろうか？[1)]

このように問うた上で、プラトンは「真実在」を確実に認識しているエリート哲学者こそが、国家の指導者にふさわしいと考えました。

◆プラトンの「イデア」論

では「真実在」とは一体何を意味するのでしょうか。これこそがプラトンが追い求めた理想のかたちで、「イデア」や「～そのもの」と言い換えられるものです。「イデア」とは英語で言うと「アイデア（idea）」のこと。「（思い描いた）考え」「観念」「理想」の訳語が当てられます。簡単に言えば私たちが「美しい」「三角形」「平和」という言葉を聞いた時に頭に思い描く、完全無欠な「美しさ」「三角形」「平和」の「イメージ」のことです。

「ぼくたちは、正しさそのものというものがあると認めるか、それとも認めないか」「認めますとも」「また、美とか善は？」「もちろん認めます」「では、君はいままでに、そういうものをどれ一つでも目で見たことがあるかね？」「いいえ、けっして」[2)]

「イデア」論に従えば、私たちが現実世界にある個々の美しいものを「美しい」と思うのは、真に美しいものの不変のイメージ＝「美のイデア」を想定しているからです。しかし、真に美しい「美のイデア」は天上の普遍的なイデア界にあり、五感では捉えられないと言います。確かに「美のイデア」などというものを私たちは見たことがありません。せいぜい「美のイデア」を分かち持つ虚像・似姿であるところの個々の美しい花なり風景なりを現実界で眺めて「美しい」と思うのが関の山です。しかも「美のイデア」が変わらぬ普遍性を持つのに対し、現実界の「美しい」ものは、美しい花なら枯れてしまったりと普遍性はありません。

では五感で捉えられないイデアを知るにはどうすればよいのでしょうか。プラトンに言わせれば、私たちの心の中にある「魂」だけは元々イデア界の住人であったため、イデアを知っています。ですから「魂」は、ときに元の居住地であり、真・善・美（古代ギリシアの究極の知）そのものであるイデア界を思い出し、イデアに恋焦がれます。そうした知の希求こそがフィロソフィア（哲学）であり、それによって魂は浄化されるのです。

私たちはときに理想とする人物や世界に憧れ、あのようになりたいと恋こがれることがあります。そうなれるかどうかはわからないにせよ、理想を追求することで人間は生まれ変わることができるのです。それをプラトンは「イデア」を持ち出して説明してくれたのかもしれません。

◆理想主義者と現実主義

現代社会にこの理想主義とそれに対抗する現実主義をあてはめてみるとどうでしょう。私たちは理想を追い求めながらも、常に世知辛い世間から「現実を見ろ」と迫られます。夢や空想とは区別のつかぬ理想を追い求めるより、いま目の前で起こっている現実に目を向けろ、というわけです。その後には「そんなことばかりでは食っていけない」とか「大きな理想を語る前に今ここで困っている人を助けてあげなさい」なんてシビアな言葉がついてくるのかもしれません。

もちろんそうした実利的な発想もわからなくはありません。プラトンの弟子のアリストテレスですら現実主義を唱えて師と真っ向対立し、荒唐無稽なイデアなど実在しない、と考えたわけですから。そうはいっても人間は理想を追い求めてしまう生き物でもあります。

◆イノセンスのイデア

ある時私は、関心を持っている音楽や映画、文学といったポピュラー文化の歴史を俯瞰していて、ある一つの事実に気が付きました。あらゆるポピュラー文化において創造力の頂点を極める優れた作品の多くは、作者が二十代前後に生み出されている、という事実です。ロック・ミュージックで例を挙げるなら、ザ・ビートルズが一九六三年にシングル「プリーズ・プリーズ・ミー」をリリースし全世界を席巻する快進撃を始めたとき、ポール・マッカートニーは二〇歳、ジョン・レノンは二二歳、ザ・ビーチ・ボーイズが一九六六年に傑作アルバム『ペット・サウンズ』をリリースしたときブライアン・ウィルソンは二四歳でした。そうした二十代前後に生み出された諸作品から感じられるのは良くも悪くもイノセンス（無垢《むく》さ）です。誰しも幼少期や青年期には疑うことを知らない純粋無垢な気持ちを持っているものですが、モラトリアム期を卒業し、大人になるにつれて経験も増え、新鮮な驚きや感動、喜びを失ってしまいます。そしてひとたび就職すれば、「忙」という文字通りイノセントな「心を亡」くし、生活費を稼ぐなどという現実に絡めとられてしまいます。何とかして純粋だった学生時代に戻りたいなどともがいてみても、それは叶いません。だからこそ「イノセンスの喪失」はポピュラー文化における「少年もの」（「少女もの」の方が不思議と幾分か現実主義的にも思えます）の多くで主題とされるのでしょう。

先述した『ペット・サウンズ』に至っては、二四歳にしてイノセンスを失うことへの恐れを歌う楽曲も収録されているくらいです。

作品の作り手にとっても「イノセンスの喪失」は深刻です。イノセンスのイデアというものがあるとするならば、それに限りなく近いものは二十代前後の作品かもしれません。そのピュアな感性を、老年まで保ち続けられる希有な人もいますが、それは容易ならざることです。

自分の机の引き出しの奥底から、昔の自分が書いて渡せなかった手紙の断片や、稚拙《ちせつ》な一篇の詩、日記などを見つけ出し、まことに赤面するような中身でありながらも、今は失ってしまった当時の感性に魂がうずき、あの頃の真っ直ぐな気持ちでこれからも生きていきたいと思った…なんてことはないでしょうか。二十代前後で芸術作品を作ることに興味があれば、今ここにしかない感性で世界や自分を切り取り、何らかの形で残しておくことをおすすめしたいです。

◆理想主義者が社会を変えた

さて、時代の流れをみていると理想主義と現実主義は、ミクロにもマクロにも大きな振り子になっているように思えます。戦前であれば第一次世界大戦後、日本では大正デモクラシーの時代。戦後であれば一九六〇年代が「ラブ＆ピース」に代表される理想主義の時代だったと言えるでしょう。とりわけ後者は、「戦争を知らない子供たち」であるベビーブーマーが親世代の価値観に対抗し、カウンター・カルチャーを形成しました。人口に占めるベビーブーマー比率の高さもあり、ベトナム反戦などを掲げた学生運動は大きなムーブメントとなりましたし、また彼らによって消費された若者文化は時代をリードし続けました。いわゆる団塊・ビートルズ世代の文化です。彼らの理想は幾分無邪気だった側面もあるにはあるのですが、社会の「当たり前」を揺さぶった功績があることは否定できません。例えば男女の壁。ベティ・フリーダンの著書『女らしさの神話』に端を発するウーマン・リブ運動は、文化社会的に割り当てられた性別役割分業を相対化させました。

次に人種の壁。一九六三年のワシントン大行進において「私には夢がある」と語りかけ理想のアメリカを描こうとしたキング牧師の名演説は、黒人のみならず白人の若者をも魅了し、公民権法成立につながりました（米大統領のケネディやオバマもその理想を共有していました）。ザ・ビートルズのメンバーだったジョン・レノンの代表曲「イマジン」もまさに理想主義の極致です。「天国がないって想像してごらん」「国境がないって想像してごらん」「すべての人が平和に暮らしているって想像してごらん」…と問いかけるジョンは、そんな理想主義的な自身にも自覚的でした。「みんなは僕のことを夢想家だと思うかもしれない、でも僕は一人じゃないんだ、いつかみんなが賛同してくれるといいな、その時世界は一つになるんだ」と言ってこの歌を結んでいます。国境がなくなるわけはありませんが、そんな理想のヴィジョンを持つ人が一人でも増えれば、世界が変わるきっかけになるかもしれない、と信じていたのでしょう。

ちなみに、戦前の日本を平和国家・民主国家として生まれ変わらせるために戦後作られた日本国憲法にも、理想主義的側面が見て取れます。例えば平和主義を定めた第九条も、考えようによっては「イマジン」とよく似た理想主義の最たるものかもしれません。

◆理想を追求すること

このようにプラトンが提起した理想主義は、哲学の世界ではデカルトやカント、ヘーゲル、あるいはユートピア思想や社会主義の中にも見て取れます。また、西洋物質文明からの解放を目指した一九六〇年代のヒッピーの理想主義は、現代のエコロジー思想や、コンピュータで世界が一つになると夢想するインターネット文化の中に生きています（スティーブ・ジョブスは若い頃ヒッピー文化に耽溺《たんでき》していました）。

ただ、ここで注意しておきたいのは、現実界で普遍的理想の正当性を主張してはならないということです。プラトンが言ったように、現実界において感性で理想（イデア）を捉えることはできません。天上のイデア界にある普遍的理想は、あくまで生滅変化する現実界の事物を正しく導いてくれる目標のごとき存在なのです。

最後にもう一度、理想主義者プラトンの名前を冠した言葉を紹介しましょう。それは「プラトニック・ラブ」です。この「プラトン的愛」は、肉体的に、ではなく精神的にのみ相手と結びつく愛の形です。これは、師ソクラテスにも見られましたが、古代ギリシアで好まれた少年愛・同性愛の風習に基づくものでした。欲望にまみれた愛の形とは一線を画す、清い理想的な愛の形というわけです。同意できるかどうかは人それぞれですが、国家のあり方から愛の形まで、理想を追求することの奥深さを思い知らされます。

（石浦昌之）

《エピクロス》快楽主義を貫く

快楽主義という言葉は、善や正義を論じる道徳や倫理からは遠く聞こえるかもしれません。しかし私たちが快楽を求めることは確かです。快楽におぼれて身を滅ぼすということもあれば、苦痛に思えたことが我慢することで快楽に転じることもあります。そもそも快楽とは何なのか、果たして善いものなのか悪いものなのか、多くの思想家がいろいろな考え方を示しています。

◆現代社会とエピクロス

高校「倫理」には、「現代に生きる自己の課題」という青年期の諸課題について取り扱う単元があります。その中で欲求と葛藤の話をしているときに、生徒に「今、何か欲しい？」と聞いてみると、必ずといってよいほど「お金」という答えが返ってきます。

確かに、高校生にとって睡眠欲と金銭欲は欲求の対象として最大級なものだとは思いますが、「お金」と即答されるのは、倫理を教える立場の人間としては何とも言い難い気持ちになります。

無論、金銭欲は社会的欲求の一つとして重要なものでしょう。生きていくためには不可欠のものですし、何よりも人生をより豊かなものにしていく上で大きな役割を担っていることは明らかです。しかし、その欲望が増大し続けていった時に、果たして物質的に豊かになったとしても、精神的に豊かになるのかということについては、難しい価値判断であるように思います。

現代社会は「消費社会」とも呼ばれ、「消費すること」に極めて大きな価値を見出す社会であると言えます。生産者は、流行を作り出すことによって消費を促進させたり、既成の商品に付加価値をつけることによって新商品として提供したりしています。その一方で、消費者は、それに対応するように「消費すること」を通して、自らの欲求を満たすだけではなく、自分らしさを演出したり、生きる意味を見出したりもします。

このように考えてみると、現代社会は「消費すること」を中心に成立しているといっても過言ではないでしょう。さらに、グローバル化が進む中で、「消費すること」の価値は高まり続けていると言えます。

このような物質的・精神的な欲求を満たす行為に快楽を見出すならば、消費社会において人々の快楽は際限のないものになっているのかもしれません。

消費社会に生きる私たちにとって、際限のない快楽にどのように向き合ったらよいのかを考えるとともに、そこから人間としての生き方や在り方を見つめ直すことは、不可欠の事ではないでしょうか。そしてそのために、ヘレニズム時代という混乱期に生き、人間の快楽について考え、またその考えを実践したエピクロスという哲学者の思想を参考にしてみたいと思います。

◆人間の快楽とは何か

　エピクロスが生きた時代を「ヘレニズム」時代と名付けたのは、ドイツの歴史学者ドロイゼンです。この、アレクサンドロス大王の死後から紀元前三〇年に地中海一帯がローマに統一されるまでの約三〇〇年間は、ギリシア文化がエジプトやアジアの文化と出会い、またその文化を普及させていった時期であると言えますが、それと同時に都市国家（ポリス）を失うことにもなりました。事実、エピクロスも都市国家アテナイの市民として、マケドニア王国の圧制に反発し、それからの解放を望んでいたようです。このような混乱の中で、エピクロスの関心は自己の内面に向かうようになりました。

　エピキュリアン（エピクロス派）という言葉を辞書で見てみると、「快楽主義者」「道楽主義者」という言葉がでてきます。これはエピクロスの生き方を当時の人々が揶揄《やゆ》したものだと言われています。快楽に価値を見出し、欲望を最大限に満たすために暴飲暴食、酒池肉林を行うというものですが、エピクロスの教説や手紙を読むと、この考え方が誤りであることがわかります。では、エピクロスは人間の欲望についてどのように考えていたのでしょうか。

「メノイケウス宛の手紙」には欲望を大きく二つに分けていることが書かれています。

つぎに熟考しなければならないのは、欲望のうち、或るものは自然的であり、他のものは無駄であり、自然的な欲望のうち、或るものは必須なものであるが、他のものはたんに自然的であるにすぎず、さらに、必須な欲望のうち、或るものは幸福を得るために必須であり、或るものは肉体の煩いのないことのために必須であり、他のものは生きることそれ自身のために必須である、ということである。[1)]

エピクロスによれば、このような欲望について迷うことのない省察が得られた時に、身体の健康と心境の平静に帰着させることができると言います。エピクロスが求めた快楽とは、身体においても心においても際限なく満たすことではなく、自然的で必要不可欠な欲望を選択することを重視したものだと言えます。

このことをエピクロスは「自己充足」という概念で説明します。

つまり、ぜいたくを最も必要としない人こそが最も快くぜいたくを楽しむということ、また、自然的なものはどれも容易に獲得しうるが、無駄なものは獲得しにくいということを、ほんとうに確信して、わずかなもので満足するためになのである。[2)]

このような自己充足を目指す思考を、エピクロスは「素面《しらふ》の思考（ネーボーン・ロギスモス）」と呼んでいます。エピクロスにとって、快楽とは道楽者のものでも、性的な享楽でも、宴会騒ぎでもありません。つまり、快楽とは肉体においては苦しみがないこと、心においては平静であることなのです（このような境地は「アタラクシア」と呼ばれています）。このことこそがエピクロスにとって人生の真実の目的でした。

◆どのような快楽を選択するか

では、身体において苦しみがなく、心において平静であるために、私たちはどの快楽を選択すればいいのでしょうか。エピクロスは、快楽と苦しみを測り、比べる思慮こそが最大の善だとしました。この考え方は、後のベンサムの快楽計算にも通ずるところはありますが、エピクロスは特に安寧さを保って美しく正しく生きることを目指したのです。

まず、肉体の快楽について考えていきましょう。

飢えないこと、渇かないこと、寒くないこと、これが肉体の要求である。これらを所有したいと望んで所有するに至れば、その人は、幸福にかけては、ゼウスとさえ競いうるであろう。3)

エピクロスは、飢えや渇きのない最低限の欲望を満たすことで肉体の苦痛を取り除くことを重視しています。例として、日常生活から考えてみましょう。個人の欲望のままに大量に飲酒を行った場合、その人は翌日二日酔いや嘔吐によって苦しめられるでしょう。あるいは、大量に食事をしてしまえばその人は腹痛を起こすでしょう。このように、エピクロスは快楽も行きすぎると苦痛になることに気がついたわけです。そのため、贅沢を避け、「〜ない」という必要最小限の欲望を満たすことこそが最大の快楽であると考えたわけです。

次に、心の快楽について考えてみましょう。

また、死はわれわれにとって何ものでもない、と考えることに慣れるべきである。[4)]

エピクロスは、デモクリトスの原子論に学びながら自然について研究しましたが、その中でも特に、死についての考察は目を引くものがあります。エピクロスによれば、死とは原子の分解です。つまり、死は存在せず、死が存する時は私たちが存在しないのです。そのため、私たちにとって死は関わりがないものだと考えました。私たちが持っている死への恐怖は臆見であり、恐ろしいと考えている人は愚かであるとも考えられたわけです。

このように、物事を冷静に考察してみると、自己の外にある様々なものが臆見であるとエピクロスは考えます。神や神話、偶発性（運）といった認識は、私たちが勝手に作り出している煩わしさであり、これを取り除くことでアタラクシアの境地を目指したのです。

　肉体と心の二つの側面における快楽の選択について考えてきましたが、次のエピクロスの言葉は、彼自身が思慮を何よりも重視していたことがよくわかります。


すべての欲望にたいし、つぎの質問を提起するべきである、すなわち、その欲望によって求められている目的がもし達成されたならば、どういうことがわたしに起るであろうか、また、もし達成されなかったならば、どういうことが起るであろうかと。5)

◆「隠れて生きよ」

　では、エピクロスはこのような思想をふまえ、どのように実践していたのでしょうか。エピクロスは「エピクロスの園」と呼ばれる学園を開き、自給自足の生活を行っていたようです。農作業と読書、本の執筆にいそしみ、時に限られた数人の友人や信奉者と議論をしながら日々哲学をしていました。エピクロスの園には奴隷《どれい》もいることなく、皆が学ぶことのできる学園であったようです。

　エピクロスは、政治や社会生活を煩わしいものと考えていました。このことは「隠れて生きよ」「人目を避けて生きよ」「忘れられて生きよ」といった生活信条にも表れています。

エピクロスにとって生きることとは煩わしいものを避け、最低限の快楽を楽しみ、仲間との共同生活を好む精神的な快楽主義を貫くことであったと考えることができます。ドイツの哲学者であるニーチェは、エピクロスを「ぜいたくの哲学者」と呼びました。それは、小さな庭園とイチジク、小さなチーズと三、四人の友人という小さなぜいたくの中で、心身の平静さと幸福を求め、その根源であり目的である快楽に価値をおきながら生活していたことを示しています。このことは、エピクロスの次の言葉にも如実に表れています。

明日を最も必要としない者が、最も快く明日に立ち向う。[6)]

わずかなものに忠実でありながら、楽しむことを忘れない哲学者、エピクロスの生き方は、変化し続ける現代社会にも通ずる視野を提供するものではないでしょうか。

（梅澤冬紀）

《ルソー》「悪」と向き合う

善さとは何か、正しさとは何か、いろいろな視点から論じられてきましたが、思想家自身がすっきりと筋の通った生き方をしているとは限りません。それどころか、ジグザグの人生の中から導き出された思想だからこそ説得力があり、影響力がある、ということもよくあるのです。ルソーは、その代表かもしれません。

◆万能の人・賛否両論の人

「むすんでひらいて」という歌、ご存知の方は多いのではないかと思われます。現在も幼稚園や保育園などで歌われているようですね。この曲のオリジナルを作曲した人物が、中学や高校の授業でよく取り上げられる、十八世紀に活躍した思想家、ジャン・ジャック・ルソーなのです。

音楽をたしなみ、社会や教育について論じる。ルソーは実に多彩な活躍を見せ、後世に多大な影響を残した人物です。しかし、高い評価も多い一方で、批判や非難も多く、教科書で紹介される人としては珍しいほど評価が分かれる人でもあります。

このような多様な評価はルソーの生前から繰り広げられていて、現代においてもルソーに関する学習や批評、研究は続けられ、新たな発見や解釈が生まれています。なぜ、ここまでルソーは話題になるのでしょう。

◆悪を見いだした人・悪と戦った人

ルソーの構想の一つに、社会に参加する全員に共通する考え、すなわち「一般意志」に基づく政治をしようとその全員が約束するシステムがあります。いわゆる「社会契約説」です。このルソーの考え方は、その後に「国民主権」という理念が見いだされたきっかけの一つと評価されています。ルソーは、わたしたちが政治に参加する機会を支えてくれた先人の一人、ということになります。

ルソーがこの構想を思いついた理由はいくつか挙げられます。後に社会契約説の先輩として知られる、ホッブズやロックの著作をルソーが読んでいたことも、その一つといえます。そして、それらの中で見過ごせないものとして、ルソーが不平等を悪と見なしていた、ということが挙げられます。

ある土地に囲いをして「これはおれのものだ」と宣言することを思いつき、それをそのまま信ずるほどおめでたい人々を見つけた最初の者が、政治社会〔国家〕の真の創立者であった。1)

　ここにある「これはおれのものだ」という「思いつき」は、「財産の所有」すなわち「私有」とも言い換えられます。所有を求めて人々が争うようになることで、人々の間に不平等が発生する。それが人々の上下関係を生み、政治権力や専制が生まれる。そして、社会も人間そのものも堕落する。よって、不平等は悪である。ルソーは、そう結論づけたのです。

　ルソーのこの結論は、まるで「格差社会」批判の先駆けともいえるし、所有権を否定するのかと言いたくもなる意見です。ただし、いずれの見解にせよ、ルソーが悪と批判する不平等は、この引用に示されるような、他ならぬわれわれ自身の感情すなわち心から生まれているものということは、見過ごされてはならないでしょう。

　ともかく、ルソーはそのような考えから、不平等を避けるためには、そこに関わる人が全員、政治に参加することが必要だと主張したわけです。それが「一般意志」を重視しよう、ということです。それは、自分自身の悪を見つめ、悪を許さぬ姿勢の表れともいえるでしょう。

◆本来を問うた人・理想を求めた人

　ルソーについてよく取り上げられることとして、もう一つ、ルソーが青年期に見られる変化、すなわち「第二の誕生」を指摘したことが挙げられます。この指摘は、ルソーが教育を重視し、子どもをできるだけ尊重するべき、と考える中で見出されたことでした。もし、ルソーのこの指摘がなかったら、青春という言葉や学生であることに、今ほどの重みや味わいはなかったかもしれません。

なぜルソーが教育を重視したのか。その理由もまた、いくつか挙げられますが、それらの中でも特に、ルソーが自著『エミール』で「自然」を重視した教育を主張していたことに、その核心が見出されます。

ルソーが「自然」を重視するようになった背景として、彼が放浪の人生を送る中で山林や田園の風景に美しさを感じたことや、植物学に親しんだことなどが挙げられます。ただし、ルソーが語る「自然」とは、それらにはとどまらない意味を持つものでした。

ルソーはnatureという言葉を用いており、それを日本語で「自然」と訳しているのですが、このnatureには「本性」という意味も含まれています。ルソーはもちろん、ホッブズやロックも用いた「自然」には、いわば「本来の在り方」「ありのままの姿」という意味が含まれているのです。

そのような意味でルソーが「自然」を想起する上で、大きく影響を与えられたものとして、哲学と宗教が挙げられます。ルソーは特に、ソクラテスやプラトンに代表される古代ギリシアの哲学やその当時の社会について、読書を通じて学び、それらに人間や社会の本来の姿、理想の姿を見出していました。また、ルソーは少年時代に出会った宗教者の影響で、その当時に主流であった教義ではなく、キリスト教がこの世に誕生した当時の教義を信仰していました。それは、神を人として表現せず、人には生まれながらの罪などない、とする信仰でした。

つまり、ルソーが想起する「自然」とは、人間とは何か、人間の本来の在り方とはどのようなものなのか、自問自答した結果でした。それは、事物として自然はもとより、古代ギリシアや原初のキリスト教の世界観や人生観といった、ルソー自身の学びの結晶だったのです。

ただし、先述の通り、人間は自身の心持ち次第で、悪に転じ得る存在でもあります。

万物をつくる者の手をはなれるときすべてはよいものであるが、人間の手にうつるとすべてが悪くなる。2)

そこでルソーは「自然」の秩序にしたがうことで、人間が適切な感情と理性を獲得し、「悪」への堕落を防げるのではないか、と考えたのです。だからルソーは、それらを実践するために教育を重視したのです。

◆異端の人・悪の人

ここまでみたように、ルソーは社会の悪を見つめ、それを許してはならないと考えました。そして、ルソー自身が理想とする境地としての「自然」をもとに、批判と提案を通じて社会を善いものに変えようとしたのです。

ルソーのこれらの主張に対する評価は、実にさまざまなものとなりました。「一般意志」はどれだけ実現可能なのか、『エミール』の教育論は現実的といえるのか…といった疑問や批判が殺到し、さらにはプライベートなことまで追及されたため、ルソーはその弁解や反論に追われることになりました。

また、当時のフランスは絶対王政の時代。個人の意志を前提とする彼の社会契約説は、王政にとってはまさに反逆。さらに、ルソーの信仰はいわば原初のキリスト教の考え方であったため、その当時の主な宗派からは、ルソーが神を冒涜《ぼうとく》している、と見なされたのでした。

その結果、ルソーはフランスの王政や教会から弾圧されてしまい、逮捕を逃れるために再び流転の日々を過ごすことになりました。まさに自分の批判が自分自身に返ってくるような展開となってしまったのです。

その後、ルソーは自身に向けられた批判や非難、追及への弁解として、そして懺悔《ざんげ》の意味も込めて『告白（懺悔録）』に代表される自伝的作品を世に残しました。それらの作品でルソーは、少年期の性的被害やマゾヒズムの目覚め、自分を保護してくれたある男爵夫人の愛人になったこと。露出癖などをも自ら告白しました。さらに、少年期に盗難や詐欺に手を染めたことや、自分の子どもをみんな孤児院に送らせてしまった過去までも、告白するに至ったのです。

これらの告白は当然、多くの批判や非難の的となりました。そのような批判や非難がたたってか、ルソーは後年は極度の被害妄想に悩まされるようになり、自己弁護のためにチラシをまくなど、奇行とも受け取れる行為に及んだこともありました。こうしてルソーは、「異端」あるいは「異常」の人、「悪人」「奇人」「狂人」とみなされるようになってしまったのです。

◆告白の人・自由の人

こうしてみると、ルソーはその言動において、教科書に掲載するにはふさわしくない人物、と言えるのかもしれません。

もっとも、これらの言動のうち、現代においては評価が異なっているものがあることを忘れてはならないでしょう。少なくともルソーが活躍したフランスにおいて、絶対主義は、他ならぬルソーの思想の影響もあり、今や民主主義に代わっています。また、キリスト教についても宗教そのものにおいても、その教義や受けとめ方はより多様になってきていま す。その時代において異端とされたルソーの思想が、現代では異端ではなくなっているのです。その他の言動についても、ルソー自身の弁解やその時代の背景を考慮しないまま、評価することは正当とはいえないでしょう。

ルソーは生まれてすぐに母が亡くなり、その後に父や兄も離散したため、十歳頃には天涯孤独の身となっていました。さまざまな大人の世話を受けながら流浪の人生を送る中で、ルソーは、折檻されてマゾヒズムに目覚める、迫られてやむを得ず盗難に手を染める、といった経験をします。ルソーがそのような放浪から飛躍するきっかけが、ある男爵夫人との出逢いでした。その夫人から世話を受けたことで、ルソーは人脈や学びの機会を得ることができたのです。そして、それらの経験や人との縁から、ルソーは肯定感や違和感を覚え、善悪などの判断を学び、さまざまな道徳観や倫理観に触れていったのです。

もちろん、だからといって、ルソーのしたことがすべて許されるとは限りません。例えば、子どもを孤児院に送る行為は、その当時のフランスでは珍しいものではありませんでしたが、それが許されるか否かという議論もまた、その当時からありました。それは現代でも変わらないでしょう。

ただし、ルソー自らそのような問題までも告白し、己の悪を省みて、そのような行為が繰り返されないように読者に訴えていること、その思いをもとに『エミール』を執筆したことは、見過ごされてはならないでしょう。このようなルソーの、己の心の中の悪を自覚し、悪と向き合い、悪を乗り越えようとする心の働きは、道徳あるいは倫理において人間が自由であることの実践といえます。それは、さまざまな道徳観あるいは倫理観があることを学び、それらを自分の課題として自覚することによって、はじめて得られる自由なのです。

ルソーは、その当時の人間と社会に対する違和感を通じて、人間の本来の在り方を問い、悪を許さず、在るべき理想を追求しようとしました。だからこそ、彼は己の悪に気づき、それと向き合い、自身のあるべき道を決断するに至りました。それは、ルソー自身のさまざまな経験、多くの人々との出会い、そしてルソーの探究を継続する姿勢あってのことでした。

そして、自分が正しいことをするか悪に染まるかは自らが決断しうる、とルソーが示したことは、その当時においては画期的なことでした。カントがルソーをきっかけとして、倫理学を追究するに至ったことはよく知られていますが、カントはルソーのこの示唆を批判的に引き継ぎながら､自身の道徳論あるいは倫理学を打ち立てたのです。ルソーの「悪」の自覚が、カントの「善」に至ったということです。この点において、ルソーの道徳、倫理における意義が見出せるのではないでしょうか。

◆今なお生き続ける夢想の人

ルソーに対する解釈や評価は、その死後においても続々と生まれ、現在に至っています。例えば、ルソーの影響を受けたロベスピエールやナポレオンが、粛清や専制を行ったこともあって、ルソーの思想が専制政治や全体主義を容認している、という批判があります。また、ルソーを社会批判の先鋒と見る向きもあれば、ルソーが故郷ジュネーブへの愛を語っていることなどから、愛国者としてのルソーを見出す解釈も存在します。同一の人物の思想から、民主主義と全体主義、革新と保守の双方が見出せるのも、ルソーならではでしょう。

また、ルソーの教育論についても、女性の視点が欠けているといった批判がありますし、いわば私教育論として考察されたルソーの教育論を、公教育すなわち学校教育で活用する取り組みが見られるなど、多様な解釈や実践が見られます。

その他にも、ルソーはヘーゲルやマルクス、実存哲学や文化人類学、ロールズの正義論や文学にまで影響を及ぼしていますし、現代においても、その善悪や賛否を超えて、あるいは誤解や矛盾も含めて、多面的にかつ多角的に解釈し直されています。それも、ルソーがさまざまな面を見せる思想家であるからこそ、なのでしょう。

わたしたちもまた、一人一人が多面的であり、それぞれの面において評価されうる存在です。だからこそ、わたしたち自身が各々で「正しい」とされていることを問い直し、本来の在り方や生き方を求めることに、倫理を学ぶ意味があるのではないでしょうか。その意味において、ルソーの夢想は今でも続いているのかもしれません。

（松島美邦）

《アダム・スミス》「経済学の父」の道徳哲学

道徳や倫理には、生々しい経済とはかけ離れたイメージがあるかもしれませんが、人間が生きていく上で経済を無視することはできません。本書でも、貧困や格差を克服しようとした経済学者の倫理思想を多く取り上げています。まずはその手始めとして、アダム・スミスの考え方に触れてみましょう。

◆「経済学の父」と道徳

道徳と経済ってなんの関係があるんだろう。高校一年生だったころ、「倫理」の授業の時間に教科書のスミスのコラムを眺めながら、そんなことをぼんやり思ったのを今でも覚えています。「経済学の父」に、『道徳感情論』という主著があることが記載されていたからです。もし当時この疑問をもつことがなかったら、その後に自分で『道徳感情論』も『国富論』も読むことはなかったでしょう。まして、哲学や思想の面白さに出逢うこともなかったと思います。

アダム・スミスが学び、そして教えた道徳哲学が、人間の社会現象を広く探究する学問で、倫理学・法学・経済学などから成っていたことは、いまではよく知られています。道徳といえば、一般的に、社会の中で守り従うべき規範を意味すると思います。それは確かに、家庭で親が子を褒めて叱って教え、学校で先生が生徒を褒めて叱って育まれるものでしょう。しかしスミスのいう道徳は、家庭や学校という狭い人間関係で目上の人間から教えられるという視点ではとらえきれない部分があるようです。まして、高貴で地位の高い支配者がそうではない者に与えて国を秩序づける政治的な手段ではないようです。日本語のドウトクでは捉えきれない、広義のモラルにはどんな特質があるのでしょうか。ここではスミスの生い立ちも少し踏まえた上で、かれの著作からかれが使うモラルの意味をうかがい見たいと思います。

◆ハチスンとの出会い

アダム・スミスはスコットランドのカーコーディという町で生まれ、一七三七年に、当時の慣習もあって十四歳でグラスゴー大学に進学しました[1]。のちに、一七八七年の手紙で「決して忘れえぬハチスン先生」[2]と表現しているフランシス・ハチスンに、現代で言えば中高生のころにスミスが学んだ科目のひとつが、「道徳哲学（moral philosophy）」でした。モラルという言葉が使われていますが、この科目はどのようなことを学ぶ科目だったのでしょうか。

スミスの先生であるハチスンは『道徳哲学序説』という著作のはじめで、道徳哲学が「自然の意図にもっともかなった、もっとも幸福な人生の方向へと、われわれを導く」ことを企図していると述べています[3]。道徳哲学は、倫理学と自然法学[4]に分けられます。このうち倫理学は、ハチスンが古代の哲学を踏まえて述べるところによれば「徳の本性を教え、内的な性向を制御する」ものです[5]。「徳」—人間の卓越性、人間の称賛すべき性格や資質—とは何であるかをよく知ること、そして「内的な性向」—荒々しい人間の情念や欲望—を制御することは、教育においても重要な部門であったと言えるかもしれません。自然の意図を知るためには、「人間の自然」(human nature 人間本性)を探究して、私たちが生まれながらにして備えている諸感覚や知覚する力がなにを望ましいとしてくれるかを知る必要があります。ハチスンは、人間の徳や悪徳を見分ける、生まれながらの能力として道徳感覚 (moral sense) という力を考えました。

前述したスミスの手紙の言葉から分かるように、教育熱心なハチスンから青年スミスが大きな影響を受けたことは言うまでもないと思います。スミスも「道徳哲学の有用な二つの部門は、倫理学と法学である」[6]とはっきり言っています。そして、道徳の問題を扱うにあたっては、次の二つの問題を考察することが必要だと述べています。おおまかに言えば、ひとつは、徳の本性は人間のどういうところにあるのかという問題です。もうひとつは、どのような人間の能力によって、正や不正、善や悪、報償や処罰の対象が見分けられるのか、という問題です。[7]

◆共感という能力

一七五九年に出版されたスミスの最初の著作である『道徳感情論』の第一部第一篇第三章から第四章にかけて、スミスは人間がいかにして善悪正邪の道徳的な識別を行うようになるのかを理論づけています。スミスの思想の有用な解説書も多くありますけれども、ここでは特に人間の能力についての議論を中心に、スミスの考えを追ってみたいと思います。

人間は外部的な刺激によって、驚きや、喜びや悲しみ、怒りや愛などさまざまな情念を湧き起こします。たとえばにこにこした表情をしている親しい人がいるとき、人間（観察者）は相手（当事者）の気持ちを想像力によって自然に読み取ります。感情を読み取る心の働きが共感（sympathy）です。そしてその人の喜びをかきたてた原因が、その人の喜びをかきたてる原因としてふさわしいと観察者が完全に共感すれば、そこに是認（approbation）の感じが生まれるとスミスは考えます。

他人の諸情念を、その諸情念にとって適合的なものとして是認することは、われわれがそれらに完全に共感すると述べるのと同じであり、そしてそれらをそういうものとして是認しないことは、われわれはそれらに完全には共感しないと述べるのと同じである。[8)]

ある人の悲しさに共感する人は、その人の悲しさがもっともであることを認めるし、ある人が感嘆する詩や絵画を、同じように感嘆する人は、その人の感嘆を正しいものとして認めます。特に、道徳的な正不正と関わってくるのは、ある人（当事者）にふりかかる悲運や侵害の場合です。たとえば、悲しそうな顔をしている人を見れば、なんとなく悲しい気持ちが観察者のほうに伝わってきます。スミスが挙げる例ではありませんが、財布を盗まれたことに憤慨している人の怒りは、その人の表情や言葉の端々から伝わってきます。街中や電車の中で悲しそうな表情をしている人を見れば、無関心を装って通り過ぎる人もいるかもしれませんが、多くの人はこの人はなにか悲しいことがあったのだろうとその人の境遇が気になるでしょう。自分の友人や家族であればなお、何があったのか聞きたくなるのではないかと思います。その悲運や悲嘆を全く無視する者は、はたして友人としてふさわしい者でしょうか。きっと人間関係がうまくいかなくなるでしょう。スミスの言葉を借りれば、当事者とそれを見る観察者の間で感情の一致が見られないならば、「お互いに我慢できないものとなる」からです。[9]

観察者が、当事者と同じ強さの情念を心に抱くことはない、とスミスは言います[10]。だからこそお互いの不快を避け、感情の対応を生み出すためには、観察者のほうではできる限り当事者の気持ちに近づくような努力（effort）が必要です。

◆自制と利他

一方、当事者の方に視点を移します。悲運をこうむった当事者の方では、見知らぬ周囲の人々が冷たく通り過ぎるのは当然感じるでしょう。信頼できる友人や家族には、なにがあったのか話そうとするかもしれません。相手が自分の気持ちを分かってくれることほど、慰めとなることはないからです。スミスの言葉で言えば、感情の協和（concord）です。しかし、泣いてばかりでは周囲も困ってしまいます。怒ってばかりでは嫌になってしまいます。したがって、周囲の観察者から是認されるためには、自分の情念を適正な程度にまで引き下げることが必要になってきます。このときの心の動きをスミスは次のように説明しています。

この協和を生み出すために、自然は観察者たちに、主要当事者の諸事情を自分のものと想定するように教えるが、同様に自然は後者に対して、観察者たちの事情を、すくなくともある程度、自分のものと想定するように教える（中略）そして、かれがこのようにして心にいだく、反省された情念は、もとの情念よりもはるかに弱いので、それは必然的に、かれ〔主要当事者〕がかれら〔観察者〕のいるところにくる前に感じていたもの、かれらがそれからどのようなやり方で感受作用を受けるかを彼が自戒しはじめる前、かれの境遇をこの不偏で中立的な見方で見はじめる前に感じていたものの激しさを和らげるのである。[11]

当事者の方では、観察者がいることによって激しい情念をある程度和らげることができますし、またそれを求められるというのです。社会のなかでは、人は当事者であったり、観察者であったりします。自分が当事者の場合には観察者の事情を、観察者の場合は当事者の事情を分かろうとする努力が、必要とされます。この努力それぞれに、尊敬すべき徳と愛すべき徳があるとスミスは考え、次のように言っています。

他の人びとのために多くを感じ、自分たちのためにはわずかしか感じないこと、われわれの利己的な心の動きを抑制し、利他的な心の動きを放任することが、人間本性の完成を形作る。そしてそのことだけが、諸感情と諸情念の調和を人類の間に生み出すことができ、人類全体の品位と適正さはそこにある。[12]

このように、スミスが考えた人間の道徳的な識別は、なによりも社会の中での想像上の立場交換によって経験的に作られることを明らかにしています。当時考えられていた道徳的な識別を行う人間の能力には、ほかに自己愛（self-love）と理性（reason）とがありました。このどちらも、少なくとも道徳的な判断を行う中心的な力としては、スミスはとらえていないといえるでしょう。まして、高貴な身分の権力者が法の制定によって国家に正不正の区別を作るという考え方からも離れています。

したがってスミスの言う道徳は、家庭や学校に限られず、友人知人との関係に限られず、見知らぬ人との交際という点も視野に入った広い人間関係の規範ではないかと考えることができると思います。共感の力さえあれば、平等な人と人との間で秩序が作り上げられていくことになります。特に、身近で親しい人よりも、見知らぬ人の方が心の平静を保ちやすいことについては、自制の大切さを訴えながら次のようにスミスは強調しています。

あなたは逆境にあるのか。孤独の暗闇の中で嘆いてはならない。あなたの親しい友人たちの甘い共感に応じて、あなたの悲しみを調整してはならない。できるかぎり早く、世間と社会の光のなかに、戻りなさい。見知らぬ人々とともに、あなたの不運についてなにもしらず、なにも気を使わない人々とともに、暮らしなさい。[13)]

◆実際の人間関係を考えるための「倫理」

さて、私が高校で「倫理」の授業を受けたのはもう十年も前のことですが、そこで思ったことをきっかけとして人間や社会に興味を持ち、道徳哲学を学べたことは今ではとても幸運だと思っています。人間がいかにして社会というある秩序を形づくるかについて考える学問の分野があるということを知ることができたからです。哲学にもさまざまな分野がありますが、頭だけの推論ではなく、道徳には当然行動が伴いますから、より実践的な面を持っているところも面白いところです。アダム・スミスの先生に話は戻りますが、ハチスンは哲学について次のように言っています。

哲学を机上の空論とするのではなく、魂の混乱に対する薬としなさい。すなわち、不安にさせる心配事や激しい欲望から心を自由するための、そして恐怖心を追い払うための薬としなさい。14)

自分が今かかわっている実際の人間関係について、その人々とどのように付き合っていくかを考えること。相手の立場になってみて、人間関係において正しいことと間違っていること、して善いことと悪いこととを考えること。人間のあるいは自分自身の生き方を真剣に考えることはいつの時代も必要ではないでしょうか。そのきっかけとして、先哲の深い思索の後を追いかけることも必要とされるのではないでしょうか。

規範意識の低下、政治へのアパシー、公共心の涵養の必要など、道徳教育が直面する問題がいくつかあります。こうしたあらゆる問題を解決し、望ましい人間関係を築くことを学ぶことができる授業は「倫理」のみです、という言い方は正しくないかもしれません。しかし「倫理」が自分自身の生き方や他者との付き合い方を考えるきっかけを作ってくれるのは、事実であるように思うのです。

（宇田尚人）

《ロールズ》無知のヴェール

ロールズの著作と言えば、まず浮かぶのは『正義論』です。大上段から振り下ろしてくるタイトルです。正義という言葉はずいぶんと手あかにまみれてしまって、自分が正義だというやつに限ってとんでもないやつだったりで、現代ではもっとも信用を失ってしまった言葉かもしれません。だからこそ、「公正 fairness」の観点からきっちりと論じようとしたロールズの考えを聞いてみましょう。

◆二冊の真っ白な本

机上に表紙の真っ白な本が二冊。フランスの経済学者ピケティの『21世紀の資本』とアメリカの政治哲学者ロールズの『正義論』です。

ピケティが来日し、ブームが起こったのは記憶に新しいところです。ピケティは、r＞gの法則（rは資本収益率、gは経済成長率）を、過去の膨大なデータから導き出し、資本から収益を得る人と労働から所得を得る人の経済格差は拡大していて、今後も拡大が予想されるということを経済学的に示しました。

一方、ロールズの『正義論』は四〇年以上前に書かれたものですが、そこには「格差原理」とよばれる原理が示されています。

どちらも世界的なベストセラーとなった背景には、世界の人々の「格差」に対する関心が高まっていることがあると考えられます。

◆「未来社会のルール」

まず、ある日の高校一年生の「倫理」の授業の様子を紹介します。ゴルデル著『ソフィーの世界』のロールズに関する部分を参考にして、次のような質問から始めました。「もし仮に、ここにいる四〇人が、未来社会のすべてのルールをつくる委員会のメンバーに選ばれたとしたら、みなさんは、どんなルールを考えますか。」

生徒たちは、まず、「戦争をしない」「核をなくす」「地球を大切にする」などと答えます。次によく出るのが、「たばこ禁止」「日本語を世界共通語にする」（少しドキッとしますが、英語の授業が苦手なだけ）などです。盛り上がってくると「JR埼京線の朝の混雑をなくす」「受験をなくす」（笑い）「休日の確保」「もっと寝てもいい」（お疲れ？）、「テストをなくす」（ん？…ちょっと待った）。そのあと少し真面目に「世界中の子供が学校に行けるようにする」「どの国にも図書館を置く」「貧しい国に最低限の生活を保障するため豊かな国が支援をする」「誰でも政治に参加できる」などが続きます。

そこで次に、「ルールが成立してサインした瞬間に委員のみなさんは死んでしまいます。でも大丈夫、みんながつくったルールの世界に生まれ変わります（脅かしてごめんね）。

ただし、その社会のどこに生まれるか、つまりどんな社会的立場に立つか分かりません。そう仮定して、さっきのルールを見てみるとどうかな」と問いかけます。すると、高校生に特有な願望は消えて、命や環境、民主主義、経済的に弱い立場の人たちに関することなどが浮かび上がってきます。

◆「無知のヴェール」

この授業で用いた「その社会のどこに生まれるか、つまりどんな社会的立場に立つか分かりません」という部分は、ロールズの「無知のヴェール」を表しています。

この状況の本質的特徴のひとつに、誰も社会における自分の境遇、階級上の地位や社会的身分について知らないばかりでなく、もって生まれた資産や能力、知性、体力その他の分配・分布においてどれほどの運・不運をこうむっているかについても知っていないというものがある。さらに、契約当事者たちは各人の善の構想やおのおのに特有の心理的な性向も知らない、という前提も加えよう。[1)]

自分自身についての情報がないという不確実性のもとでは、人々は「想定される最悪の事態が最もましになるものを選択する戦略（マキシミン・ルール、最小値を最大にするという元々の意味がある)」に従うので、最も恵まれない人の立場を考えることになるというのが、「無知のヴェール」の仕掛けです。

◆「正義の二原理」

ロールズは、社会の成員が「無知のヴェール」をかけられた「原初状態」(実際の歴史上の事態ではなく自分たちがつくる社会の出発点としての仮説的な状況)では特定の立場に偏ることなく公正な(fair)原理が選ばれると考えました。「英語の「justice」には「公正」「公平」「裁判」「審判」「裁判官」などの意味があり、ロールズは正義の基礎を「公正さ(fairness)」と捉え、「公正としての正義(justice as fairness)」を掲げて、民主主義社会における適正な分配、すなわち「社会的正義」について思索します。「無知のヴェール」と「原初状態」という仮の装置を用いて、ロールズは以下の「正義の二原理」を導き出しました。

第一原理
各人は、平等な基本的諸自由の最も広範な全システムに対する対等な権利を保持すべきである。ただし最も広範な全システムといっても〔無制限なものではなく〕すべての人の自由の同様〔に広範〕な体系と両立可能なものでなければならない。

第二原理
社会的・経済的不平等は、次の二条件を充たすように編成されなければならない。
（a）そうした不平等が、正義にかなった貯蓄原理と首尾一貫しつつ、最も不遇な人びとの最大の便益に資するように。
（b）公正な機会均等の諸条件のもとで、全員に開かれている職務と地位に付帯する〔ものだけに不平等がとどまる〕ように。[2)]

第一原理は、政治、言論・集会、思想・良心、人身、財産などに関わる「基本的諸自由」に対する平等な権利の保障です（平等な自由原理）。第二原理の（b）では、不平等を生み出す仕事や地位が、固定されたものではなく誰にでもチャンスがあるものでなければならないとしています（公正な機会均等原理）。

第二原理の（a）格差原理はロールズの思想の大きな特徴です。教科書では「2．社会的・経済的不平等は、（a）社会的に最も恵まれない人びとの条件を改善するものでなくてはならない」[3)]と説明されています。

これは、格差（＝所得や財産の不平等）の存在でモチベーションが上がる人たちがいて、社会全体が豊かになることで最も恵まれない人たちの暮らしもよくなるという条件付きでのみ、格差は認められるということです。格差原理は、生まれつきの資産や才能によって生じる格差について一定の条件を課すものといえます。

ロールズは英語圏でそれまで支配的だった功利主義に替わる思想として「正義の原理」を考え出しました。功利主義は社会全体の幸福の合計を重視し「最大多数の最大幸福」を目指す考え方です。この考え方では、社会全体の恩恵のために少数者が犠牲になる危険性を否定しきれないことから、ロールズはこれを批判し、社会全体ではなく最も恵まれない人たちに焦点をあてる必要性を主張しました。

◆財産所有のデモクラシー

格差の是正といえば、福祉国家の理念があります。累進課税や社会保障を通じて政府が各期間（年度）の終了時点に所得の再分配を行うというものです。

ロールズは、むしろ期間（年度）の開始時点で広い範囲に資産と人的資本の所有権を振り分けることを重視しました。これを、財産所有のデモクラシーといいます。具体的には、資本および資産の所有権が時間をかけて着実に分散されることや、公正な機会均等が教育や訓練の機会の提供などを通じて確保されることを意味します。

ロールズは、福祉国家の目標は誰もが一定の生活水準を保障されることであるが、このシステムは、甚大かつ相続譲渡の可能な富の不平等を許容してしまうかもしれないと考えます。大幅な所得格差は格差原理を侵害する可能性さえあり、公正な機会均等を守るために努力したとしても、富裕層がもつ政治的影響力の大きさを考えると、福祉国家の取り組みは不十分だと指摘しています。

◆ロールズとピケティ、半世紀の年齢差

『21世紀の資本』でピケティは、二一世紀では相続財産は生涯の労働で得た富より圧倒的に大きなものになると予測し、「潜在的には、それは現代の民主社会にとって基本となる能力主義的な価値観や社会正義の原理とは相容れない水準に達しかねない」[4]と指摘するとともに、世界的な資本税を提案しています。また、「長い目で見て賃金を上げ賃金格差を減らす最善の方法は、教育と技能への投資だ」[5]とも述べています。ロールズとピケティ、一九二一年と一九七一年生まれ、ちょうど半世紀の年齢差の二人の主張は、相続財産の不平等是正や教育への投資の重要性という点で重なります。ちなみに、市民に数字から目をそらすなと説く、『21世紀の資本』の「おわりに」の最後の小見出しは「最も恵まれない人々の利益」となっています。

今日の社会では、格差はもはや看過できない問題となっており、それを考える上では、経済学や政治学だけでなく、社会正義のような哲学的視点が求められます。ロールズは、格差を正義（justice）の問題と捉えました。正義は、最初からそこにあるものではなく、公正な（fair）立場から、私たちが作り上げるものだというのがロールズの考え方です。

このように「無知のヴェール」は、想像力を働かせて公正（fair）な社会制度を考えることを私たちに示しています。

（三井由美）

《アマルティア・セン》ケイパビリティとは何か

わずかなもので満足することは、心のありようとして多くの思想家が勧めます。欲望に駆り立てられて求め続けることは不幸かもしれません。しかし社会全体に目を向けたとき、もっと多くが分け与えられるはずなのに、ごくわずかなものでガマンさせられている人々がいるとしたら、そこにはまた別の思想が必要なのではないでしょうか。

◆スモーキーマウンテン

フィリピンのマニラ郊外にある、スモーキーマウンテン（巨大な廃棄物処分場）で暮らす人々を描いた『BASURA』というドキュメンタリー映画があります[1]。私は、この映画を見てショックを受けました。私は、そこにはごみを拾い売って生計を立てているスカベンジャーとよばれる人々がいる、それは貧困問題だ、ということは知っていたのですが、実際に行ったことはありませんし、その様子をリアルに感じたことはありませんでした。しかし、ふとしたことでこの映画を見て、少し真剣に考えるようになりました。子どもが生まれるときもごみ山の上なのです。子どもをもつ親として考え込んでしまいました。実際にどうなっているのか調べるために、ＪＩＣＡ（国際協力機構）などに行って調べてみました。現在、スモーキーマウンテンは閉鎖されていること、しかし住民たちはマニラ市内で同じような生活を続けていること、様々なNPOが支援活動を続けていることなどは確認できましたが、実際にどの程度貧困が広がっているのか、確かなことはわかりませんでした。私自身が実際に行って調査すればよいのでしょうが、それも難しいのが現状です。結局、正確なことはよくわかりませんでしたが、深刻な貧困問題が広がっていることは確かなようです。

この「貧困」という問題には、公正さや正義といった重要な問題が含まれていると思います。この問題を考えるヒントとして、私はインドの経済学者であり哲学者でもあるアマルティア・センの「ケイパビリティ」という概念を使いたいと思います。

◆センが批判した二つの考え方

センは、一九三三年、インドのベンガル州で生まれました。父親は文豪のタゴールが建てた大学の教師でした。そのような家庭で育ったセンは、一九四三年、「ベンガル大飢饉」を目の当たりにします。この飢饉は餓死者二〇〇万人とも三〇〇万人ともいわれる悲惨なものでした。幼い子どものころに貧困が広がり、人が死んでいく様子を目の当たりにしたセンは成長して、経済学の道へ進みます。そして一九九八年に、不平等と貧困を研究対象とする厚生経済学への貢献によって、アジア人で初のノーベル経済学賞を受賞しました。

センは、貧困を克服するために、まず「豊かさ」や「人の境遇の善し悪し」をはかる基準についで考えました。従来「豊かさ」や「人の境遇の善し悪し」を判断する考え方は大きく二つありました。

一つは、どれだけ多くのモノやカネをもっているのかというモノやサービスの量ではかる考え方です。ロールズという哲学者は、社会的基本財（権利、自由、職業機会、所得などのどう生きるべきか、どう生きたいかについての考えを問わず、どんな人生を送る人でも欲しがるようなもの）を平等に分け与えるのが正義にかなうと考えました。それでも生じる不平等に対しては、最も恵まれない人の利益が最大化するようにすべきというものです。ドゥウォーキンという哲学者は、本人に責任のない差は考慮したうえで全員に平等に分けることが大切であると主張しました。

もう一つは、人々の満足度をはかる考え方です。満足度、これを効用といいますが、効用を計算して、社会全体の効用が最大化するような行為が正義にかなうという考えです。これは一般に、功利主義と呼ばれる考え方です。

センはこのどちらも批判しました。まずはロールズやドゥウォーキンへの批判です。次の例を考えてみましょう。ある車好きの金持ちがいました。車好きなので、何台もの高級車をもっています。しかし、事故にあって大怪我をして、車の運転ができなくなってしまいました。この場合、いくら高級車をもっていても、もうドライブを楽しむことはできません。そればかりか、ふだんの行動範囲も大きく制約されてしまいます。お金がたくさんあり、豊富なモノに囲まれていたとしても、この人は「豊かな生活をしている」といえるでしょうか。このように、モノやサービスがあっても、それをどの程度活用できるかは、障害や差別の有無などのさまざまな条件や環境などに大きく左右されます。モノやサービスの量だけに注目しては人の「豊かさ」や「境遇の善し悪し」をはかることはできないのではないでしょうか。

次に功利主義への批判です。例えば、先進国に暮らす金持ちのAさんは高級なシャンペンを飲み、フランス料理のフルコースを食べないと満足度が高まらないのですが、発展途上国で飢えに苦しんでいるBさんは質素な配給食を食べることができて、満足度は高まっているとします。効用を基準に考えると、満足していないAさんよりも、満足しているBさんのほうが境遇は良いことになってしまいます。これでは適切に「豊かさ」や「境遇の善し悪し」をはかれるとはいえないでしょう。

◆「できること」に注目する

では、センは「豊かさ」や「人の境遇の善し悪し」をはかる基準についてどのように考えたのでしょうか。ここで彼が用いたのが、「ケイパビリティ」（潜在能力）という概念です。

潜在能力とは「人が善い生活や善い人生を生きるために、どのような状態（being）にありたいのか、そしてどのような行動（doing）をとりたいのかを結びつけることから生じる機能（functioning）の集合」[2)]であると言います。保障されるべきケイパビリティについては、個人が考えることなので、いくつかの例を挙げるにとどめています。たとえば健康である、安全な水や食物が得られる、安心して暮らせる住居がある、人前に出られる衣服がある、公共の活動に参加できる、愛する人と一緒にいられる、などです。

高齢や障害のため移動の自由が利かない人は多くいます。そうした人たちが社会参加したいときを考えてみましょう。このとき、電動車椅子があって外出できたり、金銭的な不安なしに介助者を依頼したり、そもそも車椅子で移動できるような道路や交通機関が整備されていたり、インターネットに接続されたパソコンがあってその操作ができていたりするでしょうか。これらいくつもの「機能」が得られていれば、ケイパビリティは高いと言えます。しかし選択の余地が少なかったり、全くなかったりしたのでは、ケイパビリティは低くなります。ケイパビリティの平等のためには、障害の有無や経済力や社会不安などの差を埋めるような、さまざまな「機能」が必要です。高齢者や障害者の社会参加を促すためにインターネットの普及を図ることは善いことですが、健常者が実際に出歩いて政治集会に参加できるのなら、障害者も車椅子で参加できるようでなければなりません。またこれらの「機能」が得られていることは、好きな買い物をしたり、愛する人と出かけたりできるなど、「できること」の幅、選択の余地が広がるので、さらにケイパビリティの向上につながるのです。

◆三つの考え方を使ってスモーキーマウンテンを考える

今までみてきた功利主義、ドゥウォーキン、センの考え方を踏まえて、改めてスモーキーマウンテンについて考えてみましょう。もし、みなさんがフィリピン政府だったら、どの考え方に基づいて、どのような政策をとるでしょうか。少し考えてみてください。

功利主義者であれば効用に着目するわけですから、貧しい人は少しのモノやサービスで満足するので、スモーキーマウンテンでくらす人々には少ししかモノやサービスを提供しなくてよいと主張するかもしれません。ドゥウォーキンの考え方であればモノやサービスを平等に提供するわけですから、スモーキーマウンテンの住民にお金を配分するかもしれません。裕福な人が住む地区と同じ数の学校を建てようとするかもしれません。

では、センの考え方はどうでしょうか。センの考え方はケイパビリティに注目しますから、スモーキーマウンテンの住人の「できること」の幅を広げるような政策をとるはずです。具体的には、学校という建物を建てるのではなく、教育の機会を平等に提供しようとするでしょう。または、仕事を継続してやっていける職業訓練を重視するかもしれません。センは、ケイパビリティを向上させるものとして、安全、食料、教育、仕事、住居、衣服などを挙げています。なかでも、私は教育を重視したいと考えています。その理由は、貧困は次のような構造で再生産されるからです。貧困だから学校にいけない、基礎的な読み書きそろばんができない、専門知識がない、職に就けない、より貧困になる。これを断ち切るには、教育の機会を保障する必要があります。そのためには、子どもを学校に行かせることができるように親を支援しなければなりません。

「これから経済発展をしようとする貧しい国で、教育のための財源がどこにあるのだ」という人がいます。しかし、この点についてはセンは、以下のように指摘しています。「貧しい国では賃金が安く、労働コストは相対的に低くなります。そして、豊かな国と比べるとその差はしばしば大きいものです。基礎教育と医療もまた多くの人々の労働に依存していますから、豊かな国に比べて、貧しい国ではそのコストがずっと安くすむことになるのです」[3)]。つまり、教育にかかるコストは貧しい国ほど低くなる。だから先進国よりもずっと安い費用で政府は教育をすることができる、というわけです。そして、教育がケイパビリティの拡大に貢献する具体例として、次の三点をあげています。一点目は、識字能力が拡大すること、平均寿命が延びること、死亡率が低下することという生活の質の向上です。二点目は、基礎教育によって経済や工業が発展し、改善しながら市場規模が拡大していくという経済的な発展です。三点目は、特に女子教育の普及は、出生率と乳児死亡率を下げる効果があるということです。

このように、基礎的な教育が受けられたり、着る服があったり、安心できる家で安全に暮らしたりできる、といった基本的な社会環境を保障することを、センは「人間の安全保障」という言葉で表現しています[4)]。この「人間の安全保障」によって、ケイパビリティを拡大することが、スモーキーマウンテンの住民にとっても必要なのではないでしょうか。

こうした貧困は、日本で暮らす私たちにとっても、決して他人事ではないように思います。餓死者が出たり、子どもの貧困率が十六％を超えるなど、大きな話題になりました。貧困ゆえに学校に通えない、学業に専念できないといった状況が、日本でも広がりつつあります。こうした現状では、ますますセンの考え方は重要になってきているように思います。センの考え方を踏まえて、あらためてどのような社会が豊かな社会なのか、よりよい社会なのか、ということを考えることが求められているのかもしれません。

（小貫　篤）

もめる部活動

◆だれが大会に出るのか―配分的正義で考える

高校生にとって、部活動は授業とならぶ、いや、授業以上に重要なもののようです。みなさんも高校生の時はどうだったでしょうか。私が勤務している学校は部活動が盛んです。私自身も運動部の顧問をしていますが、だれが大会に出るのかを巡ってもめごとが起きたことがありました。話を聞くと、いろいろな意見がでてきます。校内で試合をやって勝った人が試合に出るべきだ。いや、今までキャプテンが出場選手を決めてきたのだから、今まで通りキャプテンに任せるべきだ。いやいや、確かにあの人はうまいかもしれないが、朝練にあまり来ていない。朝練や土日練習への出席率を考慮すべきだ。いや、そうはいっても二年生が三年生の引退試合の団体戦に出るのはおかしい。やはり、三年間で二回しか試合に出ていない三年生が出るべきだ…。生徒の話を聞くと、生徒は自覚していませんが、そこには「価値」の対立があるように感じられます。これは、限られた地位を巡る争いであり、問題を解決するために配分的正義の考え方が使えるのでは、と考えました。

配分的正義とは、ある共同のものを分けて配ることにかかわる原理です。もともとは古代ギリシアの哲学者アリストテレスが提起した考え方です。アリストテレスによりますと、ものを配分するときは、均等な人には均等に、均等でない人には均等でなく配分することが正しいことになります[1)]。例えば、ある人が戦争で大きな戦功をたてたとすればそれに応じた地位に就くことは正しいことになり、勤勉で養っている家族が多く生活のために多くのものを必要としていればその勤勉さに応じて取り分が多くなる、というようなことをアリストテレスは述べています。配分的正義は古代ギリシアだけの問題ではなく、現代の哲学でも大きな論点になっています。配分的正義を巡っては、功利主義、ロールズ、ノージック、共同体主義、フェミニズムなどがそれぞれの「価値」（＝考え）を主張しています。

部活動の大会へ出場選手を決める際、生徒は自分と相手が重視する「価値」が違うことを自覚していないので、自分の明確な考えを提示して議論をかみ合わせて相手を説得することが難しいようです。そこで、配分的正義に関する考え方を学び、重視する「価値」の違いに目を向けることができれば、自分の立場を明確にして話し合うことができ、議論がかみ合うのではないかと考えました。

◆一本の竹笛と三人の少年

あるものを複数の人で分配するとき、どのようなやりかたで分ければ公正なのでしょうか。これを生徒に考えさせるときに、私は次のような、具体的な例にもとづいて説明しました。

> 三人の男の子A、B、Cが一本しかない竹製の笛をめぐって争っている。
> A：十三歳。他の二人よりも笛を吹くのが上手。
> B：十二歳。三人の中で一番貧しく、おもちゃはほとんど持っていない。
> C：十二歳。誰のものでもなかった竹を材料にして、自力で笛をつくった。
> 三人の住んでいる村では、年上のいうことに従う文化がある。三人のやりとりを見ていた十二歳の女の子がいた。その女の子は内心は「私も笛が欲しいけど、女の子だし、男子の話に首を突っ込むのはおかしいかな」と思って立ちすくんでいた。
> みなさんは、この希少な財の分配の正義をどういう情報に基づいて決定するだろうか。

これは、インドの哲学・経済学者のアマルティア・センが考えた事例を、高校生向けにアレンジしたものです。この事例について、高校生に自由に意見を言ってもらうと、次のような意見がでてきました。

・年上のいうことを聞くべきだから、Ａさんに与える。
・笛は吹けないと意味がないから、Ａさんに与える。
・貧しい人に与えるのが大事だから、Ｂさんに与える。

高校生からでてきたこれらの意見は、まさに配分的正義についての様々な考え方を表しています。順番にみていきましょう。

第一に、功利主義とよばれる考え方です。功利主義は、ベンサムという哲学者が提唱した考え方で、高校「倫理」の教科書では「最大多数の最大幸福」という言葉でまとめられています。これは、社会の構成員の幸福度（これを効用といいます）が最大となるような行為を選択することが正しいという考え方です。この事例の場合、功利主義であれば、だれが一番笛を吹くのが上手で、吹き手の効用とそれを聞かされる残りの二人の効用の総和が最大になるかと考えて決定します。そのため、一番笛を吹くのが上手なＡ君が笛を手に入れたなら、Ａ君の効用は大きくなるし、上手なＡ君の笛の音を聞く残りの二人の効用も大きくなり、三人の効用の総和が最大になるだろうと考えられるため、Ａ君に笛を渡すことになります。先ほどの高校生の意見では、「笛は吹けないと意味がないから、Ａ君に与える」が近いでしょう。

第二に、ロールズという哲学者の考え方です。ロールズは、基本的にはすべての人びとが自由を平等にわかちあわなければならないのだけれど、もし、何らかの不平等がおこるにしても、それは平等な機会が与えられたすべての人びとによる公正な競争の結果でなければならないし、不平等は最も恵まれない人の境遇を最大化させるものでなければならないと述べています（傍線部を格差原理といいます）。この事例の場合、ロールズの格差原理にもとづけば、だれが一番貧しく、おもちゃをほとんど持っていないか考えて決定します。そのため、三人の中で一番貧しく、おもちゃを持っていないB君に笛を渡すことになります。先ほどの高校生の意見では「貧しい人に与えるのが大事だから、B君に与える」がこれに当たるでしょう。

第三に、アメリカの哲学者ノージックの考え方です。ノージックは、誰でも自分の身体や才能は自分のものであり、その身体や才能によって得た財産も自分のものだから、そうして得たものはだれも侵すことができないと考えました。この事例の場合、ノージックの考え方であれば、この笛は、だれのものでもなかった竹を材料にして、だれが自力で作ったのかを考えて決定します。C君は竹を探してきて、数か月かけて笛を作り上げたのだから、笛はC君のものである、と考えるわけです。高校生からは意外なことに、この意見が出てきませんでした。

第四に、共同体主義と呼ばれる考え方です。共同体主義には様々な学説があるので、ここではウォルツァーという人の考えを取り上げてみます。ウォルツァーは、国や社会によって、正しいとされる考えは異なると言います。そのため、ロールズの格差原理のように一つの考え方ではなく、それぞれの社会にある多様な正義を重視することが重要と述べます。この事例の場合、ウォルツァーの考え方であれば、三人の状況よりも、三人が生活する社会がどのような生き方をよしとするか、これまでどのような慣例で分配が行われてきたかを考えて決定するでしょう。三人の属する社会では、年下は年上の言うことを聞くという習慣があるため、それを重視することになります。先ほどの高校生の意見では「年上の言うことを聞くべきだから、Aさんに与える」が社会の慣習を重視しているため、これに近いといえるでしょう。

第五に、フェミニズム[2)]と呼ばれる考え方です。フェミニズムであれば、三人の性別を問題視するでしょう。そもそもなぜ笛を巡る争いに男子しか登場しないのか、彼らが属している社会がこれまで女性をどのように扱ってきたのか、といった問い直しをすることが考えられます。その上で、少なくとも女子を含めて四人で、どのように笛を配分するのか協議することが大切と考えるでしょう。

このように、わかりやすい架空の事例を用いて、生徒の意見を配分的正義についての様々な考え方と結びつけて説明した後、今述べた五つの考え方を用いて、現実の事例について考えてもらいました。

◆「九州大学理学部入試――合格枠九人中五人は女性」

二〇一〇年、新聞に次のような記事が載りました。

> 九州大学理学部は、二〇一二年度の一般試験から数学科の後期日程定員九人のうち五人を女性枠とすると発表した。その理由として「優秀な女性の人材を育成しないのは社会にとっても損失」「女性ならではの視点と感性で教育、研究に多様性をもたせたい」「女性研究者を増やす」といったことが挙げられている。

生徒に考えてもらったのは、この事例です。この事例を五つの考え方で自分はどれを重視するのかを明確にして、意見を言ってもらいました。

まず、女子からは「男子が多いとその環境に女子は入っていきにくいし、気後れしてしまうから女性枠をつくるのはいいじゃん。重視する価値はフェミニズム」という意見が出てきました。それに続いて、男子も「こういうことをすれば大学は話題になるし、受験生が増えて女子学生を確保できるという大学のメリットがあるよね。あと、社会は理系女子の増加というメリットがあるから賛成です。重視する価値は功利主義です」と述べました。

それに対して、別の男子は「女子よりも点数をとった男子が女性枠によって落ちるのは納得できないから絶対反対。重視する価値はノージックの考え方」などといい、教室がだんだん白熱してきました。そこで、自由に話し合わせると、かなり盛り上がり、別の女子からは「そんな枠で受かってもうれしくない。女子枠だから入れたんでしょと思われたくない」といった意見も飛び出しました。そこで、過去に理系には女子はあまり受からなかったこと、それは我々が社会をそのようにつくってきたためであることを説明し、このような取り組みには過去の過ちを是正（償い）するという意味もあることを私から伝えました。

また、別の生徒からは「機会は平等に与えられているのだから、努力の結果で判断されるのが平等でしょ」と意見がでてきました。そこで、「能力は個人の努力でどうこうなるものではなく、たまたまもっていたものだよね。その点を配慮しなくて本当に公正といえるの？」と問いかけました。これはロールズの考え方を意識した問いかけでしたが、生徒にはあまりピンとこなかったようです。

このほかに、「土地柄で男尊女卑の傾向が強いという話を聞いたことがあるけど、大学の学生集めの戦略としては上手じゃない？」といった共同体を意識した発言があったり、「今の社会は、なんだかんだ言っても、やっぱり男中心の社会だと思うんですよ。女性が入ることで別の視点が生まれ、研究も活発化したり新しいアイデアが生まれるんじゃないですか。だから賛成。フェミニズムや功利主義的に考えるとプラスだと思います」というような意見もでてきました。

こうした議論の後、「九大『女性枠』を撤回」という新聞記事を提示して、九州大学は「男性への差別」「法の下の平等という観点から問題がある」という批判を受けて、二〇一一年五月に撤回することになったことを説明しました。生徒は「やっぱりね」や「そうなったか〜」と、納得するような、残念がるような反応を示しました。

そこで最後に、「九州大学の判断が正しいかどうかわかりません。それはみなさんが考えてみてください。今回は功利主義、ロールズ、ノージック、共同体主義、フェミニズムの思想を学びましたが、大切なことは、こうした考え方を使えば、身近な問題に対しても社会的な問題に対しても自分の重視する価値を明確にして、考えをはっきりさせることができるということです。自分が重視する価値を明確にして話し合うことで、議論がかみ合い、相手を説得することができるかもしれません。ぜひ、今回学んだ配分的正義のいくつかの考え方を使って身近な問題を解決してみてください」と述べて授業を終えました。

◆もめる部活動、その後

この授業のあと、部活動の部会を開き、大会への出場選手をどのように決めるか話し合わせました。最初は遠慮していましたが、私から指名して意見を言わせました。冒頭に示したものが代表的な意見です。次に再掲します。

・校内で試合をやって勝った人が試合に出るべきだ。

・今までキャプテンが出場選手を決めてきたのだから、今まで通りキャプテンに任せるべきだ。
・確かにあの人はうまいかもしれないが、朝練にあまり来ていない。朝練や土日練習への出席率を考慮すべきだ。
・そうはいっても二年生が三年生の引退試合の団体戦に出るのはおかしい。やはり、今まで三年間で二回しか試合に出ていない三年生が出るべきだ…。

こう見ると、ロールズ的な意見やノージック的な意見、ウォルツァー的な意見が出ていることがわかります。私は「部としては、何を重視するか考えてみて」と問いかけましたが、その部会では結論がでませんでした。その後も部員同士で話し合い、最終的には出席率を踏まえてキャプテンが判断するという折衷案になりました。しかし、これでもまだ不満はあるようで、なかなか全員が納得する結論を出すのは難しそうです。

今日もまた聞こえてきました。「先生〜、ちょっと部活のことで言いたいことがあるんだけど（怒！）」。「テスト前なんだから勉強しなよ」と私。「だって、部活が大変なことになってるだもん」。やはり、高校生にとって部活は学校生活で一番重要で真剣になれることのようです。

（小貫　篤）

第2章

宗教をどう考えるか

宗教を持たない民族はありません。現代の日本人には、特定の宗教を信仰しているという自覚のない人が多いですが、いくら宗教が嫌いだといっている人でも、多くの人は神社や寺を訪ねれば手を合わせ、祭りやクリスマスを楽しみ、墓参りをしたりするでしょう。

人類にとって宗教は、知ることができないものごとを信じることによって乗り切るために、必要なものでした。古代の人々は、太陽や月、地震や雷、運命や死といった、当時の知識では説明のつかないものごとを、神々やその働きと信じることで、とりあえずの安心を得てきました。

今日では、その多くが科学によって解き明かされて、宗教が果たしてきた役割は薄れているようにも思えますが、科学を信頼すればするほど、かえって科学によって解決できない問題に直面するとき、拠り所となるものを指し示す宗教の重みがずっしりと感じられるかもしれません。

《ブッダ》真理に目覚める

私たちはブッダが仏教の開祖であることは知っていても、案外そのオリジナルな思想には不案内であったりします。日本に伝わった時点で、すでにそれは大乗仏教として変化していましたし、更に日本で独自の変化を遂げた仏教を、私たちは信仰してきました。まず、オリジナルなブッダの思想に触れておきましょう。

◆ブッダとは

ブッダ（仏陀）は仏教の開祖ですが、今からおよそ二四〇〇年以上前に、インド北部の釈迦族の王子として生まれ、ガンジス川中流域を中心に教えを広めた人物です。「仏陀」という言葉を、私たちは個人を指す名前として用いていますが、もともとは「真理に目覚めた者」という意味で、他の人にも用いられた言葉でした。それが現在では、特に仏教の開祖となったブッダに用いられているのです。本名はゴーマタ・シッダッタで、六年間の苦行を行った後、三五歳のときついに菩提樹の下での瞑想によって、真理に目覚めて、「仏陀」となったと言われています。そして、ここが仏教の特徴でもあると思いますが、人間は誰でも「仏陀」になることができると考えられています。私たちは亡くなった方を仏（ホトケ）ということがありますが、この仏とは仏陀＝真理に目覚めた者のことです。神・仏といって崇拝の対象ともしますが、同時に仏とは私たちのことでもあるのです。現実には私たちは仏ではありませんが、仏になる素質（このことを仏性といいます）はすべての人が持っていると仏教は考えます。ですから、仏教とは仏の教え（ブッダの教え）という意味であると同時に、仏になるための教えだと説かれることもあります。では、仏となる、真理に目覚めるとはどういうことでしょう。このことをブッダに即して考えてみたいと思います。

◆インドの人生観

ブッダが生まれた頃、インドには少なくとも七〇〇年以上前から、バラモン教という宗教がありました。またブッダが生まれた頃には、世界や人生について実に様々な見解が現れ、王のもとで、思想家たちが自由に見解を述べあい、競い合っていました。

当時のインドの人々は、人間の魂（アートマンと呼ばれました）は不死で、死によって肉体を失った後、また来世で肉体を得て生まれる（必ずしも人間に生まれるとは限りません。他の動物に生まれることもあります）、そして、無限にこの生死を繰り返す、と考えていました。来世にどのような生まれになるかは、現世での行い（行いはカルマン、あるいはカルマといい、業と漢訳されています）によって決まると考えられました。しかし、どんなによい生まれ、例えば当時のインドではカースト制度という身分制度がありましたが、最上位のバラモン（司祭階級）に生まれても、人生におけるさまざまな苦しみ（その内で最大のものは死でしょう）を避けることはできません。それで、生まれ変わること＝輪廻《りんね》そのものから脱出すること＝解脱《げだつ》が求められるようになり、世界と自己との一体化によって、解脱できるとする、ウパニシャッドの教えも生まれました。

◆自己の発見

ウパニシャッドの思想家たちが勧めたことの一つが、自己についての思索でした。彼らは自己（魂と同様アートマンと呼ばれます）が、人間の中心となるものだということを見出していました。この自己が欲望と結びつくと、自己中心的な考えや行動の中心ともなります。これは、人間の基本的な姿の発見で、現在でも変わらない姿ではないかと思います。

ウパニシャッドの哲人にヤージュナヴァルキアという人がいます。この人には二人の妻がありましたが、出家遍歴の生活に入るにあたって妻たちに財産を分与することにしました。一人の妻マイトレーイーに何が欲しいかと聞くと、富を得ても不死にはならない、ならば富ではなくあなたが知っている不死性についての教えを知りたいと望みました。その時、ヤージュナヴァルキアは次のように言います。人は夫を愛するが故に、夫が愛しいのではない、アートマン（自己）を愛するが故に、夫が愛しいのであると。続いて、妻が愛しいのも、アートマンを愛するが故であると。子どもを愛するのも、富を愛するのも、その他、すべてのものはそのものが愛しいからではなく、アートマンが愛しいがゆえに愛するのだというのです。

この主張は、自己中心性の宣言ではなく、すべての私たちの行為や思考の奥底に常住不変な真の自己ともいうべきものがあり、それを把握し、その自己（アートマン）が宇宙の本体（ブラフマン）と一体のものだと知ることによって、不死性を得られるというのです。いずれにしても、多様な私たちの活動の奥底に、真の自己と呼ばれるものがあるとの発見だったのです。

けれども、このアートマンは究極のところ認識の対象とはならないといいます。なぜなら、アートマンは、例えば何かを意欲するとか、認識するとか、行為するとかの場合、何かをされるもの（普通「対象」と言います）ではなく、何かをする主体となるものだからです。認識できませんから、もちろん言葉でも直接に表すことができません。それで、ヤージュナヴァルキアは「そうではない、そうではない」と否定的に言われるだけだといいます。極めて高度な抽象的な思考です。このアートマンは破壊されることもなく、一切のものに執着することなく、動揺することがないと言われます。この様子は、ウパニシャッドが目指した輪廻から解脱した者の境地を表しているように見えます。このアートマンを把握すること、しかし認識はできませんから理論とか推論によってではなく、苦行と瞑想といったものを通して体得することによって、解脱できると考えたのです。

◆自己を愛する

ヤージュナヴァルキアと妻との話をもとにしたと思われる話が仏教経典にあります。そこでは趣旨が少し異なっています。コーサラ国のパセーナディ王が宮殿でマッリカー王妃に、そなたには自分よりももっと愛しい人がだれかいるか、と尋ねます。王様は、それはあなたでございます、という答えを期待したのかもしれません。これに対して、王様、わたくしには自分よりももっと愛しい人はおりません、と王妃は答えます。そして、王様にとっても自分よりも愛しい人はおられますか、と聞き返します。王様は、私にとっても自分より愛しい人はいない、と答えざるを得ませんでした。

王様はブッダのもとにやって来て、宮殿での出来事を話します。ブッダは次のことを語ります。自分は心のどの方向を探しても自分よりもさらに愛しいものをどこにも見つけ出すことはできなかった、と。しかし、そこから導かれる結論はブッダらしいものです。誰でも自分がもっとも愛しいものである、しかし、自分がもっとも愛しいのは他人も同じであると。それゆえに、自己を愛する人は他人を害してはならない、と言うのです。ここに愛という言葉が何回か出てきますが、同じ愛でもニュアンスが少しずつ異なっています。王様とお妃の間の愛は、普通私たちが男女の間で愛しているあるいは愛されたいという時の愛でしょう。これに対して仏陀の言っている愛は、特に最後の自己を愛するという文言を見ると感じられるのですが、自分を大事にするということではないかと思います。なぜ自分が大事かといえば、かけがえのないものだからです。このことは自分のみに当てはまるのではなく、他の人にも同様に当てはまります。また、王と妃の愛は、自分に向かう愛、自分に相手を引きつける愛ですが、ブッダの言う愛はそうした自他の垣根を越える愛だと思います。後に仏教ではこの自他の垣根を越えて他人に向かう慈しみを慈悲という言葉で表しました。ブッダは、自分を愛しいと思うのは人間の常だとしました。その愛は自己を大切にする、或いは自己を損なってはならないということなのです。自己を愛することは、仏教経典では、人間の正しい理法に従って、身体とことばと心とによって善を行うことだと語られています。自己を愛するとは、自己を大事にして善い行いをすることなのです。

◆理法を知る

ここで人間の正しい理法という言葉が語られています。仏教で理法はダルマといいます。ダルマは法とも訳されますが、また真理という意味でも用いられます。理法とは、私たちが何かを考える時、あるいは何かをなす時に従うべき法則のようなものをいいます。仏教は宗教ですから信仰が大事だと思われるかもしれませんが、理法は信じなければならないものというよりも、真理、正しく物事を見ることによって明らかとなるものと考えられています。

仏典に次の話があります。あるところにゴータミーという婦人がいて、最愛の娘を病でなくしてしまいます。狂わんばかりに嘆き悲しみ、死に至ると思われるほどです。そこである人がブッダという偉い人ならば、亡くなった子どもを生きかえらせることができるかもしれない、と言います。そこで婦人はブッダのところにやってきて、どうか娘を生きかえらせてくださいと頼みます。ブッダは、では今までに死人を出していない家に生えているケシの実を探して持ってきなさい、その実から死人を生きかえさせる薬を作ってあげようといいます。婦人はその話を聞くやいなや、村々を歩いて、死人を出していない家に生えているケシの実を探します。けれど探せど探せど死人を出したことのない家を見つけることができません。婦人はふと、死人を出したことのない家などどこにもない、と気づくのです。自分と同じ悲しみを味わったことのない人もまたどこにもいない、と気づくのです。死は生きている人間にとって避けることのできないものであり、生あるものにはみな死があるというこの世界の動かしがたい理法・真理に気づくのです。

仏教はこの動かしがたい真理・事実の上に立って、心静かな平安の境地で生きることを説きます。これは涅槃寂静《ねはんじゃくじょう》と言われます。涅槃とはニルヴァーナの漢訳で、煩悩《ぼんのう》の火が消えた状態をいいます。仏教では欲望にとらわれ、それが満たされないことに悩むことを煩悩といいます。その煩悩が消えた状態が理想の境地で、仏典では欲望や感覚などにとらわれて引きずられない状態として語られています。また心を制している状態でもあり、その時心は安らぎに達するとされます。仏教のその後の展開を見ますと、煩瑣な議論や理論付け、体系化も見られますが、初期の頃の仏教は心の平安を求めるという比較的実践を重視するわかりやすい教えのようです。仏陀が実際に説いたことに近かったと思われます。

◆自己と法をたよりとして

仏陀の最期を記した経典によると、仏陀は超越的な存在ではなく一人の人間として、私たちと同様に年老い、衰え、病みながらも、なすべきことをなし、偉大な教えを説いた安らぎに満ちた人物として死んでいきます。この経典の中で、仏陀は、修行僧は自らをたよりとして、他人をたよりとせず、法をよりどころとして、他のものをよりどころとするな、と言います。修行や探究は真の自己を信じ、自分が主体的になすべきものなのでしょう。また判断においても最終的には自分が決することが大事なのではないでしょうか。自分が決するのですから、結果も自分が引き受けねばなりません。自分が決するとなると、私たちは間違うかも知れません。その時、照らし合わせて考えることができる理法、真理が必要なのではないでしょうか。

（佐良土茂）

《イエス》神の愛と人類愛

十字軍や三十年戦争、中東戦争や湾岸戦争、最近のテロまで、「宗教」が争いのもとになっていることは確かにあるかもしれません。しかし、原因や理由はもっと複合的なものでしょう。その一方で、キリスト教やイスラームや仏教が平和や救済に貢献していることは、案外私たちの目に届いていないかもしれません。

◆イエスとその時代

イエスと彼の教えである「愛」を考えるとき、イエスの生きた時代、すなわち今から二〇〇〇年以上前の、古代ローマ帝国のことを取り上げなければならないでしょう。

新約聖書の中でイエスの言行を収めた四つの『福音書』の記述から、ローマ帝国の支配下にあったユダヤの人々の生きざま、またローマから来た支配者の生きざまを、生き生きと読み取ることができます。小さな都市国家から始まったローマがイタリア半島を統一するまでは、たとえローマと戦って負けたとしても、かえって道路を作ってもらえたりするので、損をするものがありませんでした。だからローマは急速にイタリアを一つにまとめることができました。しかし、カルタゴを滅亡させ北アフリカに進出したあとから、属州民は租税を吸いとられる収奪の対象となりました。帝国に税を献上するために、ユダヤ人であリながら帝国の側についたのが、「取税人」でした。だから、取税人は悪人の代表格のように描かれています。聖書には支配する側の人々、支配される人々、権力をずるい方法で利用する人々、昔の栄華を思い自分たちの国を独立させようと企てる人々、そして、日々、その日を生き延びようと流されながら生きる人々、そうした多くの人物が描かれています。そのような人間模様のなか、イエスは、神からの教えを人々に伝える道を歩み始めることになります。そしてそれは、この世の権勢を愛する者たちからの憎しみと向き合うこととなったのです。

◆神の愛

イエスの説く愛は、目には見ることのできない愛、神の愛でした。イエスの最初の教えとされる「山上の垂訓」には、この愛について、次のような言葉があります。

「隣り人を愛し、敵を憎め」と言われていたことは、あなたがたの聞いているところである。しかし、わたしはあなたがたに言う。敵を愛し、迫害する者のために祈れ。こうして、天にいますあなたがたの父の子となるためである。天の父は、悪い者の上にも良い者の上にも、太陽をのぼらせ、正しい者にも正しくない者にも、雨を降らしてくださるからである。あなたがたが自分を愛する人を愛したからとて、なんの報いがあろうか。そのようなことは取税人でもするではないか。兄弟だけにあいさつをしたからとて、なんのすぐれたことをしているだろうか。そのようなことは異邦人でもしているではないか。それだから、あなたがたの天の父が完全であられるように、あなたがたも完全な者となりなさい。[1)]

人が人から奪うもので、最悪の収奪は「命」を奪うことです。殺人は、悪そのものの行為といえます。その殺人を大量に、組織的・効率的に、国家の全面的な力を使って行うのが戦争です。なかでも、最悪の大量破壊は、第二次世界大戦でした。それは、近代工業力と技術力をフルに発揮して殺し合う悪夢でした。そして、ほかでもない私たちが住んでいる日本は、当時、世界最大の工業国家のアメリカと全面戦争に突入したのでした。二〇世紀におこった世界戦争は、帝国主義の支配が世界を覆っていたことから、地球上のあらゆる地域を巻き込み、「国民国家」という装置が使われることによって、軍人だけでなくすべての階級を巻き込む消耗戦となったのです。深い憎しみが世界を覆った時代でした。

日本とアメリカが開戦したのは、一九四一年十二月八日、ハワイ州の真珠湾においてです。その空中攻撃隊の総指揮官は、一番機に搭乗していた淵田《ふちだ》美津雄《みつお》という海軍大佐でした。「われ奇襲に成功せり（トラ・トラ・トラ）」と打電したのは、彼でした。

最初、破竹の勢いで進撃をつづけた日本軍も、情報力も含めたアメリカ軍の力の前に大敗を喫しました。生き残って終戦を迎えた淵田は、祖国を塗炭の苦しみに追い込んだ戦争とは何だったのかと、疑問を持つようになっていきました。

あるとき彼は、アメリカで捕虜になった旧日本兵の経験を聞きました。彼らのところに、頻繁にやってきて丁寧に面倒をみたり看護したりしてくれる女性がいました。その熱心な世話に感じ入る捕虜が増え、なぜそのように親切にしてくれるのかを聞いてみたのだといいます。するとその答えは、「自分の両親が日本兵に殺されたから」ということなのです。両親を殺した敵たちを、この人は献身的に看護しているのか？ 捕虜たちはびっくりしてしまいました。彼女の両親は伝道者としてフィリピンにいたのですが、逃げずに残っていたのはスパイに違いないという疑いをかけられ、斬殺されたのだといいます。彼女の両親は、しばらくの時間、熱心に祈った後に斬殺されたと、彼女は伝え聞いたといいます。

淵田はこの話を聞いたとき、すぐにはその意味を理解することができませんでした。親を殺されたら、草の葉をかき分けても見つけ出して、仇を打つのが子の道と教えられて来たからです。

しばらくたった頃、淵田は街でアメリカ人が配っていた「私は日本の捕虜でした」と題するパンフレットを手にしました。それはジェーコブ・ディ・シェイザーという元爆撃手の経験談でした。手記には彼が、捕虜として日本の収容所に囚《とら》われていたとき、「なぜ人はこんなにも憎しみ合うかという疑問を持ち、人間相互の憎しみを真の兄弟愛に変えるキリストの教えというものに心が動き、聖書を調べてみようという不思議な欲求にかられた」という経験が語られていたというのです。淵田もまた、戦争の不条理について同じ疑問をもっていたこともあり、聖書を手に取り読んでみました。すると、次の記述が目にとまったというのです。それは、十字架にかけられたイエスの「父よ、彼らをお許しください。彼らは何をしているか知らずにいるのです」[2]という祈りであり、それは自らに危害を加えるローマ兵が神に許されるようにとりなす言葉なのでした。淵田はこの一節を読んだとき、日本兵に両親を殺された女性が、なぜ憎い敵兵であるはずの日本の捕虜たちに献身的に看護をしていたかということに、思いが至ったといいます。女性の両親は、何をしているか自分たちではわからない日本兵の罪の許しを、神に祈っていたのではないか。このことに思いが至ったとき、淵田の目からは大粒の涙が流れ出たのだそうです。淵田は洗礼を受け、かつて日本軍の参謀として、愛国心と敵愾心《てきがいしん》に燃えて戦ったアメリカの地に、博愛を伝えるために向かうことになったのです。

敵を許し、敵をも愛する博愛がないとすれば、世界はいつまでも憎しみの連鎖を断つことのできない暗闇でしょう。淵田が見出した「神の愛」というものを、私たちは見据える必要があるかもしれません。

戦後、復興を遂げた日本社会は、世界に対してさまざまな貢献をすることができたと思いますが、グローバル化や情報化がはるかに進んだ現代では、経済協力ばかりではなく、「博愛の思い」という無形の価値で世界の平和に貢献することこそが使命かもしれません。麦を蒔き育てる労苦は、やがて大きな収穫を得る喜びに変わるものなのです。

◆隣人愛と人類愛

しかしながら、人間がいろいろとやらかす悪業、そのもとにある「罪」というものは、そのままにしてよいのかという疑問が残ります。人というものは、だれでもがちょっとしたことで道に外れた生き方をするもので、どんな人でも何か「罪」を負っているようなところがあるのが現実です。罪咎《つみとが》の全くない人は、この世には一人もいないのでしょう。後にイエスに従うことになるパウロは、次のように述べています。

正しい人のために死ぬ者はほとんどいないであろう。善人のためには、進んで死ぬ者もあるいはいるであろう。しかし、まだ罪人であった時、わたしたちのためにキリストが死んで下さったことによって、神はわたしたちに対する愛を示されたのである。わたしたちは、キリストの血によって今は義とされているのだから、なおさら、彼によって神の怒りから救われるであろう。[3)]

また、ほかの手紙では「彼はすべての人のあがないとしてご自身をささげられた」[4)]と述べています。

イエスを言葉によって陥れようとする試みは、すべて失敗に終わっていますが、「最も重要な掟」について尋ねられた時のことが、次のように書かれています。

さて、パリサイ人たちは、イエスがサドカイ人たちを言いこめられたと聞いて、一緒に集まった。そして彼らの中のひとりの律法学者が、イエスをためそうとして質問した。「先生、律法の中で、どのいましめがいちばん大切なのですか」。イエスは言われた。「心をつくし、精神をつくし、思いをつくして、主なるあなたの神を愛せよ」。これがいちばん大切な、第一のいましめである。第二もこれと同様である、「自分を愛するようにあなたの隣り人を愛せよ」。5)

イエスは山上の垂訓のなかで、「人を裁いてはならない。裁かれないためである」と教えていますが、この二つの戒めの言葉は、実のところパリサイ人や律法学者の人たちを裁く言葉です。ローマ帝国の支配に対する憎しみや、ユダヤの独立運動にくみしようとしないイエスへの怒りに満ちた人たちが、すっかり忘れていたのは、「愛」といってよいでしょう。イエスは、自身は罪のない身なのに自らが裁かれることで、怒りや憎しみや弱い者いじめ、権勢欲や財産欲のために人を陥れる陰謀、欺瞞、不誠実といった、この世界の悪に対する贖罪のために、死ななければならなかったとパウロは捉えたのでした。この愛の教えは、その後の世界史に大きな影響を与えつつ、現在に至っているのです。

人間が迷いながら道を歩まなければならないのは、二〇〇〇年前のローマ帝国でも今でも同じです。現代に生きる私たちは、グローバル化という激動のなかで、さまざまに迷いながらも、未来を見据えて歩もうとしています。「隣人愛」と「神の愛」、言い換えれば永遠の愛を道標として、信じて求めたことはいつの日か実現するという希望こそが、大いなる力であると説かれています。

（黒須伸之）

《パウロ》異邦人への使徒

新約聖書はイエスが書いたものではありません。仏典、クルアーン（コーラン）、『論語』、ソクラテスの対話篇も。彼らの言行を後世に伝えなければというそれぞれの使命が、彼らの弟子や後継者たちをどれほど強く突き動かしたのでしょうか。パウロの命がけの伝道がなければ、今のキリスト教がなかったことは間違いありません。

◆愛の賛歌

愛は忍耐強い。愛は情け深い。ねたまない。愛は自慢せず、高ぶらない。礼を失せず、自分の利益を求めず、いらだたず、恨みを抱かない。不義を喜ばず、真実を喜ぶ。すべてを忍び、すべてを信じ、すべてを望み、すべてに耐える。愛は決して滅びない。預言は廃《すた》れ、異言はやみ、知識は廃れよう、わたしたちの知識は一部分、預言も一部分だから。完全なものが来たときには、部分的なものは廃れよう。（中略）それゆえ、信仰と、希望と、愛、この三つは、いつまでも残る。その中で最も大いなるものは、愛である。[1)]

パウロの書簡の中で、特に有名な言葉です。「信仰・希望・愛」というキリスト教三元徳をはじめとする原始キリスト教の教義を確立し、キリスト教を世界宗教へと導いたパウロは、キリスト教における重要人物の一人です。

◆パウロの回心

パウロ（ユダヤ名サウロ）は、紀元一年頃、トルコ半島小アジアにあるキリキアの首都タルソスで生まれ、紀元六四年頃にローマで亡くなりました。生まれながらローマ市民権を持ち、ディアスポラのユダヤ人で天幕職人の裕福な家庭に育ったパウロはやがて、厳格なファリサイ派の宗教指導者（ラビ）として、各地のキリスト教徒迫害の先頭に立つことになります。しかし、イエスの十字架刑の約二年後に、劇的な回心を体験するのです。

それはパウロがキリスト教徒を迫害するため、ダマスコへ向かっていた時のことです。突然、天からの光が彼を照らし、彼は地に倒れます。「サウル、サウル、なぜ私を迫害するのか」との呼びかけが聞こえます。パウロが「主よ、あなたはどなたですか」と尋ねると、「わたしは、あなたが迫害しているイエスである。起きて町に入れ。そうすれば、あなたのなすべきことが知らされる」と言われます。パウロは同行者に助けられて街に入りますが、目が見えず、飲食もできません。ユダの家で、ひたすら神に祈っていました。

その後、アナニヤというキリスト教徒がやってきて、パウロに手をかざしました。すると目からうろこのようなものが落ち、パウロは目が見えるようになりました（これが「目からうろこ」の語源）。パウロはすぐに洗礼を受けてキリスト教に改宗しました。[2)]

◆民族宗教から世界宗教へ

パウロは回心してから約十六年間、シリアやキリキアなどで伝道をしました。しかし厳格なユダヤ教徒から攻撃を受けたり、かつての迫害者としてキリスト教徒から恐れられたりしたために、大きな成果は挙げられませんでした。しかし、シリアの首都アンティオキアでギリシア系キリスト教徒が増えると、ギリシア語を自在に操り、ユダヤ教の教義やギリシア哲学などのヘレニズム文化の豊かな教養を身に付けていたパウロが、バルナバの仲介により指導者として迎えられます。そして、アンティオキアでキリスト教徒はクリスチャン（キリスト者）と呼ばれるようになるのです。元々は、「キリスト党の一員」という侮辱的な意味を込めた表現です。これにより、それまで「ナザレ派」と呼ばれてユダヤ教の異端の一派として扱われていたキリスト教が、新しい宗教として認知されることになります。

当時のローマ帝国は、ローマに支配された地域の様々な宗教が入り込み、それが金儲けの手段にもなっていました。民衆の間には、一神教であるユダヤ教に共鳴する人々がでてきます。しかしユダヤ教は、ユダヤ人と同じ生活習慣を守ることを改宗者に要求します。その一方、キリスト教は、ユダヤ教と同じ神を信じますが、ユダヤ人と同じ生活習慣を守ることを要求しませんでした。ところがその頃アンティオキアにいた保守的なキリスト教徒は、すべての改宗者に割礼《かつれい》を強制しようとしました。これは、異邦人（非ユダヤ教徒）がキリスト教徒になるには、まずユダヤ教徒にならなければいけないのか、という問題を含みます。そこで紀元四八年頃、エルサレムで使徒会議が開かれることになり、十二使徒やパウロも参加しました。

会議では、異邦人のキリスト教徒はユダヤの律法を守らなくても、「偶像に備えて汚れた肉と、みだらな行いと、絞め殺した動物の肉と、血」を避ければよいということになりました。これは、その後、キリスト教が世界宗教へと発展していくために重大な意味をもつ決定でした。

◆伝道旅行

パウロは生涯で三回の伝道旅行を行っています。紀元四八年から五八年までの十年間に、キプロス、小アジア、ヨーロッパなど各地を旅行しました。当時、ローマ帝国の整備された道路網があったとはいえ、盗賊に遭ったり迫害を受けたりする、大変な旅でした。

苦労したことはずっと多く、投獄されたこともずっと多く、鞭打たれたことは比較できないほど多く、死ぬような目に遭ったことも度々でした。3)

一回目はバルナバと一緒に、キプロス、ペルゲ、イコニオン、リストラ、デルベなど、ガラテアの南部へ行きました。リストラでは石打ちの刑に遭い、死んだと思われて町の外に放り投げられましたが、何とか助かりました。アンティオキアに戻ると、ペテロが異邦人と食事をしないことをめぐって彼と対立します。この時、多くの友人がパウロのもとを去りました。

二回目の伝道旅行は波乱に富んだものになりました。小アジアからヨーロッパへ行き、フィリピから向かったテサロニケで、正統派ユダヤ教徒が起こした大騒動に巻き込まれます。ベレアでも迫害され、アテネからコリントへ赴き、一年半滞在しましたが、ユダヤ教徒の大部分はキリスト教徒と敵対し、パウロも襲われることがありました。エフェソから献金を届けにエルサレムを訪れ、アンティオキアに戻って、またギリシア各地を回ります。ミティレネ、キオス、サモス、コス、ロードスなどの島々を巡り、ティルスからエルサレムへ戻りました。

最後の旅は、逮捕された囚人としてローマへ向かうためのものでした。パウロはエルサレムでユダヤ人から訴えられてローマ当局に逮捕されますが、「ローマ帝国の市民権を持つ者を、裁判にかけずに鞭で打ってもよいのですか」と主張したため、カイサリアに護送されます。総督フェリクスはパウロを二年間牢獄に監禁しました。次の総督フェストゥスはパウロをエルサレムに送ろうとしますが、皇帝に上訴したことでアグリッパ王の尋問を受けてローマに送られます。ローマでは二年間自費で借りた家に住んで宣教した、というところで使徒言行録は終わりますが、皇帝ネロによるキリスト教徒迫害の中でパウロも殉教した、と考えられています。

パウロの伝道旅行は天幕伝道とも呼ばれます。教会からの支援を受けず、働きながら伝道を行ったためです。当時の腐敗した他の宗教との違いを明確にするためでしょう。

わたしは、他人の金銀や衣服をむさぼったことはありません。ご存じのとおり、わたしはこの手で、わたし自身の生活のためにも、共にいた人々のためにも働いたのです。あなたがたもこのように働いて弱い者を助けるように、また、主イエス御自身が「受けるよりは与える方が幸いである」と言われた言葉を思い出すようにと、わたしはいつも身をもって示してきました。[4)]

◆パウロの書簡と教義の確立

パウロは、伝道旅行を行いながら、多くの書簡を各地の教会に送っていますが、そこから彼の思想を知ることができます。手紙は三期に分類されますが、テサロニケの信徒への手紙は現存するキリスト教文書の最古のもので、迫害に耐える彼らに励ましの言葉を送ったものです。

いつも喜んでいなさい。絶えず祈りなさい。どんなことにも感謝しなさい。これこそ、キリスト・イエスにおいて、神があなたがたに望んでおられることです。[5)]

またガラテヤの信徒への手紙では、キリスト者になる者は割礼を受けなければならないと主張する信者に対し、信仰義認説を述べて叱責《しっせき》しています。

人は律法の実行ではなく、ただイエス・キリストへの信仰によって義とされると知って、わたしたちもキリスト・イエスを信じました。(中略)もし、人が律法のお蔭で義とされるとすれば、それこそ、キリストの死は無意味になってしまいます。[6)]

第二期はローマの信徒への手紙で、直接面識のないローマの人々にあてたものです。この書簡では、贖罪《しょくざい》の思想が説かれています。

人は皆、罪を犯して神の栄光を受けられなくなっていますが、ただキリスト・イエスによる贖《あがな》いの業を通して、神の恵みにより無償で義とされるのです。[7)]

第三期は獄中書簡と言われるもので、厳しい指導者であったと思われるパウロの、宣教活動における仲間たちの姿をうかがうことができます。

◆パウロの使命

わたしは生まれて八日目に割礼を受け、イスラエルの民に属し、ベニヤミン族の出身で、ヘブライ人の中のヘブライ人です。律法に関してはファリサイ派の一員、熱心さの点では教会の迫害者、律法の義については非の打ちどころのない者でした。しかし、わたしにとって有利であったこれらのことを、キリストのゆえに損失と見なすようになったのです。それればかりか、わたしの主キリスト・イエスを知ることのあまりのすばらしさに、今では他の一切を損失とみています。キリストのゆえに、わたしはすべてを失いましたが、それらを塵あくたと見なしています。[8]

パウロは、回心前の自分の人生で得ていたものを損失であったと述べています。「人を愛する者は、律法を全うしているのです」[9]との言葉通り、律法の完成者であるイエスの愛の教えを世界中の人々に宣べ伝えていくこと、これこそがパウロの使命だったのでしょう。

（宮路みち子）

《カント》神を知ることはできるのか

古くはソクラテスの訴因に邪神信仰があり、デカルトはガリレオ裁判を知って出版を思いとどまり、ルソーは禁書指定を受けて亡命生活を送りました。中世の哲学者は当然として、近代以降も、欧米の思想家たちは常にキリスト教との関係には自覚的であり続けました。近代哲学最大の人物と言ってよいカントは、この課題にどう取り組んだのでしょうか。

◆啓蒙思想の流れから

イマヌエル・カントは十八世紀ドイツの哲学者です。哲学だけでなく、星の誕生に関する「カント・ラプラス説」と呼ばれる学説を説いたことでも知られる人物で、自然科学への目配りもあった思想家です。「ドイツ観念論」と呼ばれる哲学の流れの出発点に立つ人物でもあります。

カントの主著とされるものは「三批判書」と呼ばれる『純粋理性批判』『実践理性批判』『判断力批判』の三作[1)]です。ここで「批判」というのは、問題点を指摘して難じるのではなく、それぞれの著作で対象とした人間の能力を吟味してその限界を画定するという意味です。人間の能力の限界を画定した上で、その能力をどのように用いれば正しい認識、正しい行為が実行できるかを探究したのがカントです。

カントに先立って、十七世紀から十八世紀にかけて、ヨーロッパには啓蒙《けいもう》思想と呼ばれる思想が広がりました。「蒙」とは無知を意味する言葉で、無知を「啓《ひら》」く、つまり「無知の闇」を「理性の光で照らす」ことだと説明されます。理性の光は人間の考える力の現れです。カントはこの啓蒙思想の流れにも位置づけられる人物で、「ドイツ啓蒙主義」の代表的な思想家としても扱われています。

◆「神は存在するのか」という問い

ところで、こうして近代ヨーロッパで重視されてきた理性ですが、いくら理性を働かせてもなおわからないことがあります。その代表的なものが「神の存在」でした。カントは敬虔《けいけん》主義という立場の熱心なキリスト教徒でした。キリスト教では神の実在を前提としていますが、その証明がなかなか難しいものでした。デカルトは、何かが存在することの根拠を神に求めるという「神の存在論的証明」を示しましたが、それでは神の存在を誰もが納得することはできませんでした。カントも神の存在を証明する試みを『純粋理性批判』の中で行っています。ところがこの証明は、全く同じ前提から始めて同じように論理的証明を進めていくと、「神は実在する」という結論と「神は実在しない」という結論が両方とも導かれてしまうというものなのです。どちらも可能であるということは、すなわちどちらも証明されていないことになります。ではカントは「神の存在は証明できない」と結論したのでしょうか。

◆人間が認識することのできるもの

人間がどのようにして自分以外のものを知ることができるのかという問いは、近代哲学の重要な問題の一つです。この問題に関わる学説をまとめて「認識論」といいます。

認識論の代表的な立場には、イギリスで有力だった「経験論」と、フランスなどヨーロッパ諸国で有力だった「合理論」との二つがあります。経験論では、人間が何かを知るには、外部の存在を感覚することによって得られる「観念」が必要だと考えます。一方、合理論では、人間が生まれつき持っている観念（これを「生得観念」といいます）によって知識が与えられると考えます。

さて、ここで神です。神の認識は、経験論では、神のように感覚でとらえられないものは感覚から得られる観念をさまざまに組み合わせてその観念をつくりあげるのだと説明します（こうしてつくられる観念を「複合観念」といいます）。これに対して、合理論では「神は生得観念である」として説明します。つまり神のことを人間は生まれつき知っているのだというわけです。それではカントはこのどちらの立場をとるのでしょうか。

カントは、経験論も合理論もどちらも不十分だといいます。そして人間が「知る」ことがどのようにして可能になるかを説明して、経験論と合理論とを綜合したと評されています。どのように綜合したかというと、基本的に「認識する」つまり何かを知るためには感覚による刺激が必要だとします。ところが、この刺激だけではまだ何もわからないというのです。ではどうしたらわかるのかというと、そこには人間が「経験に先立って」もっている「形式」を働かせることが必要だというのです。この「形式」は大きく「空間」と「時間」の二つが示されます。空間も時間も、人間は明らかにその中で生きているのですが、このどちらも経験によって学ぶようなものではありません。むしろ経験がどういう順番で生じたかは時間という枠組みの中で整理されるのですし、空間は経験が与えられる場を整理してくれるのです。このほかにも、全部で十二の「範疇（カテゴリー）」が考えられて、この枠組みによって人間は経験を整理して認識を得るのだと説明しているわけです。経験だけでも人間の認識はできあがらないし、生まれつき持っているものだけでも人間の認識はつくれないというわけです。

さて、それでは神もまた認識することができるのでしょうか。なんとカントは、神の認識はできないというのです。いや、神ばかりか、自分以外の何を認識するにしても、その本体、本当はどのようなものなのかを知ること自体ができないとさえ言ってしまうのです。これでは何もわからないと言っているのと同じではないですか。結論はどこにいってしまうことになるのでしょう。

◆「現象」と「物自体」

カントは何もわからないと断言して、認識を否定しているのではありません。人間が知ることのできるものは、感覚のうちに現れてくるもの、つまり「現象」なのだというのです。

私たち人間は、自分の目の前に現れてくるものを見て、知ることはできるのです。人間のうちにある「範疇《はんちゅう》」をつかって感覚したことを整理して何があるとか何が起こっているとかを知るわけです。ただ、このときに知っているのはあくまでも「現象」です。つまり、現れたことやものです。そして、自分の外に存在しているかもしれない何か、存在しているとしたらその本体とも言うべきもの、それは、そのまま本体として現れているわけではないので、本体そのものはわからないというのです。このような、わからない本体をさして「物自体」と呼んでいます。おわかりでしょう、神もまた「物自体」に当たることになります。こうして、カント以前にその存在を証明しようと多くの哲学者が努力したことは、無意味ではありませんが求めるべき到達点を間違っていたということになります。

なぜ間違ったのかについて、カントは興味深いことを言っています。それは「理性で何もかもがわかる」と考えるのは理性の働きや力を間違って理解しているのだということです。人間の理性は無限に何でもとらえることができる万能の力を発揮するわけではないのです。人間がつかめるのはあくまでも現象で、その背後にある本体は人間の理性の力が及ばないものなのです。この理性の力を厳密に検証してその能力が及ぶ範囲を画定することが『純粋理性批判』でカントが行おうとしたことなのです。このようにして理性の力が及ぶ範囲を画定すると、人間が理性を用いてできることがどこまで及ぶのかも明らかになります。明らかになった範囲とは、現在の学問に合わせて言うならば自然科学をはじめとする科学的認識が成立するところです。このことをふまえて、カントは現在の自然科学の可能性を厳密に示したという場合もあります。簡単に言ってしまえば、神様のことは科学では扱えないということです。神だけではありません。古代から多くの哲学者が探求してきた「存在」そのものもまた最終的には人間の理解できる範囲を超えているということになります。わからないものを無理にわかろうとするのは、人間が理性を誤って用いていることになる、と言ったのがカントなのです。

◆「わからない」なら「それは存在しない」のか

神を知ることはできない、神の実在は証明できない、ということになりました。カントによればそう結論づけるしかありません。それでは「神はいない」と言い切っていいのでしょうか。カントはそうは考えません。先にもふれましたが、カント自身はまじめなキリスト教徒でした。まじめなキリスト教徒が神を否定できるわけがありません。そもそも、ヨーロッパというよりキリスト教世界では、神がすべての道徳、人間の生き方の規範を与えてくれているのですから、神を否定してしまえば人間の行動を導く原理もなくなってしまいます。キリスト教信仰を持たない人びとにとっては「神の不在」で道徳がなくなってしまうというのは理解しにくいことでしょうが、キリスト教徒にとっては大問題です。

その解決策になるのでしょうか、カントは「(ある)かのように」振る舞うということを主張しています。神が本当にいるのかいないのか、それは人間にはわからない、けれども人間は「神がそこにいる」かのように自分を律して振る舞うことができる、ということです。いるかいないかわからないから否定する、のではなく、わからないけれどもいる、あるものとして振る舞うことが大事だということになります。このように考えると、神が実在するかしないかではなく、大事なのは人間が神の教えとされること(あるいはここに「道徳律」とか「天啓」とかをおいてもいいわけです)に、自らの意志で従って生きることです。神が実在するから神に従って生きる、実在する神が人間の道徳や生き方を教え、人間はその教えに従って生きることで最後には救済されるというのではなく、人間自身があくまでも自分の意志で、自分で選択したことによって生きていくことが大事なので、そこに人間の意志が強い力を持って働くことが求められます。ただ神に絶対的に服従していれば間違いない、というのでは、人間の意志は働いていません。あえて神がいるかのように振る舞うことを選び取って実行することが大事なのです。「神を知ることはできるか」

という問いに、カントは「できない」と答えるのですが、それができないからこそ「あえて神がいるかのように振る舞う」ことを選び取るのです。

◆私たちにできることは

カントのように理性を厳密に用いることも、意志の力で自分の行動を律することも、私たちにはそう簡単にできることではないでしょう。カントだからできるので、私たちには無理、なのでしょうか。カントはそうは考えていないようです。彼は、科学が自然界の法則を明らかにするように、人間の努力で「道徳法則」に従って生きることができると考えています。それができるからこそ、人間は誰でも「目的」つまりそれ自体がほかと代えがたい大事な存在として扱われなければならないと言っているのですから。人は誰も、他の誰の道具でもなく、尊重されなければならないのです。絶対の何かがわからないからこそ、人間は努力して正しく、自らを律して生きなければならないのです。絶対の安全も安心も、何もないかのように思える今だからこそ、カントの言うことをよく考えてみたいものです。

（渡邉安則）

《日本の仏教》その変化と広がり

先に見たようなブッダのオリジナルの思想に対して、私たちの知る日本の仏教は、その後のさまざまな変遷を経てきたものです。ブッダの思想とはかけ離れた部分もあるかもしれませんが、その一方で、諸宗派の存在や、自然崇拝や神道や儒教などとの共存の姿は、宗教とは何か、信仰とは何かを考えるときの貴重な実例とも言えます。

◆仏壇の不思議

子どもの頃に住んでいた古い木造の家には、奥の八畳間の押し入れの上に神棚がありました。そのとなりの床の間には仏壇がありました。小さな私は神棚にお明かりをあげるためにミシン用の椅子に上らねばなりませんでした。私は幼心に神棚には神様が、仏壇には仏様が祀ってあると思っていました。でも、仏壇の中にあるのは亡くなったおじいちゃんやおばあちゃんの位牌だったので、仏壇がお寺さんと同じ仏教のものなら、なぜ仏壇の中に小さな仏像ではなく位牌があるのだろう?と思っていました。また、お葬式に行くとお経もいろいろで、「なむあみだぶつ」と唱えるお坊さんもいれば、「なんみょ〜ほ〜れんげ〜きょ〜」や「はんにゃ〜は〜ら〜みった〜」と唱えるお坊さんもいるし、「おんあろりきゃそわか〜」と唱えるお坊さんもいて、仏教にはいろいろな宗派があることを知りました。

◆日本に伝わった仏教とは

仏教には大きな二つの流れがあります。一つは修行によって個人の悟りを開くことを目指す上座部仏教、もう一つは広く大衆の救済を目指す大乗仏教です。このうち、大乗仏教はインドから中国、朝鮮、日本、モンゴル、チベット、ベトナムなどに広まりました。大乗仏教では空《くう》や唯識《ゆいしき》、如来蔵《にょらいぞう》といった思想も生み出されます。呪術的、神秘主義的な色彩の強い密教や、中国では坐禅を中心とする禅宗も生まれます。日本で仏教というと、阿弥陀様や観音様、お地蔵様、そのほか大日如来や薬師如来などの○○如来という名のついた仏様や○○観音という名のついた仏様が頭に浮かびますが、こうした仏様はすべて大乗仏教の中で生み出されてきた仏様です。ブッダが亡くなった年を紀元前三八三年（ブッダの生没年には諸説あります）とすると、日本に仏教が伝わったのは、ブッダの死後九〇〇年以上たってからということになります。そのため、当然といえば当然ですが、日本に伝わった仏教（＝大乗仏教）は、ブッダが直接説いた教えからは遠く隔たったものになっていたのです。

　しかし、大乗仏教のさまざまなお経や仏様も、いずれもブッダの教えを何らかの形で継承し発展させたものなので、どれも仏教であることには変わりありません。ただ、例えば、奈良時代に聖武天皇が東大寺の大仏を建立しますが、なぜあれほど巨大な仏像を造ったのかといえば、当時の支配者にとって仏教とは目には見えない強力な超自然的なパワーを持つものであり、大仏のパワーによって、伝染病や飢饉に見舞われている国家を救おうとしたからです。しかし、ブッダが生きていた時代には仏像などはなかったし、ブッダ自身、超自然的な力などは信じていませんでした。

◆日本仏教の基礎を築いた最澄と空海

日本の仏教は、多くの宗派が存在しているのが特徴です。奈良時代から続く法相宗《ほっそうしゅう》、華厳宗《けごんしゅう》、律宗、平安時代から続く天台宗、真言宗、鎌倉時代から続く浄土宗、浄土真宗、臨済宗、曹洞宗《そうとうしゅう》、時宗、日蓮宗などが教科書にも載っている宗派です。戦後、宗教法人令が成立し、国の認可制度がなくなると、多くの仏教教団が分派・独立したため、現在ではなんと一五七もの仏教宗派が存在しているそうです（文化庁編『宗教年鑑』による）。

しかし、こうした日本の仏教の基盤となっているのが、平安時代に最澄《さいちょう》が確立した天台宗と、空海《くうかい》が確立した真言宗です。天台宗とは中国で成立した大乗仏教の宗派で、さまざまなお経の中で『法華経』を最高位に置く宗派です。最澄は中国でこの天台宗を学んで日本に持ち帰り、密教なども取り入れた日本独自の天台宗を確立しました。その中心思想は一乗思想とよばれるもので、一つの乗り物にすべての人が乗って悟りの境地へと導かれるというものです。奈良時代に確立した法相宗では、悟りを開けるのは修行者のみであるとしたのに対し、最澄は、『法華経《ほけきょう》』の教えをもとに、すべての人は同じように悟りを開き仏になることができるという一乗思想を説いたのです。この思想からはやがて、人も草木も生きとし生けるものすべては仏性を持ち仏になる可能性を持っているという、きわめて日本的な「山川草木悉有仏性《さんせんそうもくしつうぶっしょう》」という考え方も生まれてきます。『法華経』の中の「普門品」には観音菩薩が登場し、ここから日本人になじみ深い観音様に対する信仰が始まります。さらに、最澄の開いた比叡山延暦寺で修行した日蓮は、『法華経』こそ最高の経典であるとし、そのお経の題目を唱えるだけでも功徳《くどく》が得られるとして「南無妙法蓮華経」という唱題《しょうだい》を勧めたのです。法華系の仏教教団は数多く、霊友会、創価学会、立正佼成会などの新宗教教団も法華系です。

もう一つの日本仏教の基盤となっているのは空海の開いた真言宗です。空海も中国の寺院で学び最新の密教を日本に持ち帰りました。空海は『大日経』と『金剛頂経』をもとに密教を体系化しました。その実践思想の中核をなすものは即身成仏《そくしんじょうぶつ》の思想です。それまでの仏教では、何回も生まれ変わって修行しつづけなければ悟りを開くことはできないとされていました。しかし空海は密教の実践により、現世において悟りを開き仏となることができるとしたのです。この思想は現世主義的な傾向の強い日本人には強いインパクトを与えました。また、密教では、手に印契《いんげい》を結び、護摩《ごま》を焚いて真言（マントラ）を唱える加《か》持祈禱《じきとう》によって病気を治したり、悪霊や祟りを退散させたりできるとしたため、こうした超自然的な呪術的な力を、貴族をはじめ庶民も求めるようになったのです。こうした最澄や空海が確立した仏教が日本の仏教の基盤となり、そのなかから鎌倉時代に新たな宗派が生まれてくるのです。

◆阿弥陀信仰と禅宗の広がり

平安時代末期になると末法思想が流行し、人々の間には浄土信仰が広がります。浄土信仰とは、深い慈悲の心で人々を救おうという誓願を立てて阿弥陀仏にすがりさえすれば、死後、誰でも西方にある極楽浄土に生まれることができるというものです。浄土宗を開いた法然は、「南無阿弥陀仏」（阿弥陀仏に帰依します）とひたすら念仏を唱えることで極楽往生できると説きました。法然の弟子の親鸞《しんらん》は、念仏を唱えようとすること自体、阿弥陀仏のはからいなのだとして絶対他力の立場をとりました。こうした阿弥陀仏信仰は、個人が出家して厳しい修行を積んで悟りを開いていくという初期の仏教とは対極にあるもので、どちらかといえばキリスト教やイスラームなどの一神教に近いものでした。念仏を唱えて阿弥陀仏にすがりさえすれば極楽往生できるという教えは、戦乱や貧困、飢餓に苦しむ人々の心をとらえ、仏教が日本中に浸透していく大きな原動力となったのです。

一方で、鎌倉時代以降、修行によって個人の悟りを開く宗派が主に武士の間に広がっていきました。それが禅宗です。禅宗では、「不立文字《ふりゅうもんじ》・教外別伝《きょうげべつでん》」といって、悟りの境地は文字や言葉では表現できず師から弟子へ以心伝心で伝えられていきます。それゆえ経典以外に伝えられるものの方が大切であるとされるのです。そして「直指人心《じきしにんしん》・見性成仏《けんしょうじょうぶつ》」といって、ひたすら自分の心を見つめ、自分が備えている仏性に目覚めよと説きます。そのために必要なのが坐禅であり、悟りを開くということは、坐禅を通して本来の自分に返るということなのです。

禅宗は、常に死と向き合わねばならない武士を強く惹きつけました。上杉謙信や武田信玄も熱心に禅を学んだとされており、「信玄家法」には「参禅嗜《たしな》むべきこと」と記されています。

禅は、ブッダが菩提樹の下で瞑想して悟りを開いたという点からも仏教において本質的なものです。禅の開祖とされているのは六世紀頃にインドから中国にわたってきた達磨《だるま》です。この達磨の六代目の教祖である慧能《えのう》が確立した南宗禅を日本に伝えたのが、当時天台宗の僧侶だった栄西と道元です。栄西と道元は南宗禅の系統である臨済宗（栄西）と曹洞宗（道元）を日本に伝えました。臨済宗は「この線香の中に入ってみよ」「虚空を縄で縛って持ってこい」などの公案を用いるところに特徴があり、曹洞宗はひたすら坐禅をするところ（只管打坐《しかんたざ》）に特徴があります。栄西は禅とともに、中国の禅院で行われていた飲茶の風習を日本に伝え、これが茶道の確立へとつながっていきます。禅の思想は武士から庶民にも広がり、美術、建築、芸能、文学など、その後の日本文化に大きな影響を与えました。（禅の思想については京極夏彦のミステリー『鉄鼠《てっそ》の檻《おり》』を読むとその本質がよくわかります。）

◆日本人の多くは各宗派の門徒？

浄土宗、浄土真宗、日蓮宗、臨済宗、曹洞宗などは一般に鎌倉新仏教とよばれますが、実際には鎌倉時代も仏教の主流は、天台宗と真言宗でした。鎌倉新仏教とよばれる宗派が広く民衆に定着していくのは、室町時代から戦国時代にかけてです。そのため最近ではこの時期の仏教は戦国仏教とよばれるようになりました。

戦国時代は戦乱の時代であるとともに、地球寒冷化による飢饉に見舞われた時代でもありました。そのため、人々の救いを求める気持ちは切実なものだったでしょう。仏教側もこれに応えようと努力したため、信者数は大きく拡大し、特に一向宗（浄土真宗）は強大な勢力を持つようになりました。一向宗は織田信長に従わなかったため、信長は徹底的に弾圧し、十万人以上の門徒（ほとんどが農民）を虐殺しました。

江戸幕府を開いた徳川家康も、キリシタンとともに仏教勢力もおそれ、寺院法度を定めて、仏教勢力を幕府の完全なる統制下におきました。さらに、寺請制度（檀家制度）を定めて、すべての国民を家単位で必ずどこかのお寺の檀家として登録させせました。その結果、お寺は幕府の行政機構に組み込まれ、修行や研究の場ではなく、戸籍管理を行う町役場のような役割を担わされていくのです。さらに墓地の管理もお寺の役割となりました。現在でもほとんどの日本人はどこかのお寺の檀家であり、生まれながらにその宗派の門徒となっています（同時に日本人のほとんどは地域の神社の氏子として神社本庁の信者として数えられています）。近年では、法事や葬儀の付き合いのための「葬式仏教」と呼ばれる状況に対して、さまざまな改革の試みも見られます。

◆日本仏教と民俗信仰

禅宗は坐禅を通して自己の内面を見つめる仏教の宗派でしたが、現在のお葬式の原型をつくったのも禅宗です。ただ、仏壇の中にある位牌は、儒教に由来します。インド仏教的な輪廻転生の考え方からすれば、先祖の霊魂はすでにどこかに転生してしまっているし、浄土思想の立場なら、すでに西方浄土の観音様のもとに行ってしまっているはずです。実は、位牌は儒教由来のものですし、先祖の魂を祀るという考え方の説明は、柳田国男に始まる日本民俗学の霊魂観の方がはるかに明快なのです。日本の仏教は、日本人が古来持つ祖先崇拝の観念、神道や儒教とも融合しつつ、私たちの生活に溶け込んでおり、それこそが日本の仏教の特色なのです。

（村野光則）

《一遍》一切の事を捨てて

日本の浄土信仰というと、教科書的には法然、親鸞の扱いが大きく、親鸞が当時僧侶に禁じられていた肉食妻帯を行ったことも、特徴的に取り上げられていたりします。一遍《いっぺん》は波乱に満ちた生涯を送りますが、妻子と別れ、出家した仲間を連れて遊行し、差別を受ける人々と共にある姿に、ブッダの生涯を思わずにはいられません。

◆中世を旅する一遍

一遍は、遊行上人《ゆぎょうしょうにん》ともよばれました。遊行という言葉は、出歩くこと、ぶらぶら歩くこと、という意味でも使われます。現代人のように全力疾走で多忙な日々を過ごしていると、前ばかりを見ているので、空の青さや季節の移ろいにも気づかず、周囲の景色を見ることすらありません。ましてや、傍《そば》に寄り添うことや後ろを振り向く余裕もありません。紅葉で有名な洛東永観堂の見返り阿弥陀像は、お顔が横に向いています。それは、迷える衆生を振り返り救済するためなのです。旅とは日常から離れることであり、リフレッシュし充電する時でもあります。時にはセレンディピティー（掘り出し物）を見つけることもあります。

さて、一遍が活躍した中世の人々にとって、旅とはどのようなものでしょう。漂泊とは、一定の住居や生業がなく、さまよい歩くことです。中世の時空に目を転ずれば、一遍は中世の旅人の代表であり、『一遍聖絵』（『一遍上人絵伝』）を読み解くとその答えが見つかるでしょう。一遍の遊行とは、単に出歩くことではありません。日常から非日常へ、そして日常へもどるものでもありません。念仏をひろめるために、南は九州から北は東北地方に至るまで諸国を巡り、「南無阿弥陀仏」と刷られた念仏札《ふだ》（賦算《ふさん》）を配って歩いたのです。やがて、一遍には時衆《じしゅう》とよばれる僧俗の信者が随従するようになりました。また、南無阿弥陀仏と称《とな》える念仏に、踊りを取り入れました。後に俗化すると、踊りが主となる踊念仏へと変化していきます。盆踊りは踊念仏を起源とするとも言われます。踊念仏の先駆者は、平安時代に市聖《いちのひじり》と呼ばれ、洛中で阿弥陀信仰を説いた空也《くうや》です。太鼓や鉦《かね》をたたき拍子をとり、踊りながら念仏を称えたのです。また、六波羅蜜寺にある空也像が有名です。口に「南無阿弥陀仏」を称えると一音一音が阿弥陀仏となったという伝説を彫刻にしたもので、鎌倉時代中期の康勝《こうしょう》の作です。一遍は、阿弥陀信仰と踊念仏で空也を敬慕していたのです。一遍の時衆は皆で声を合わせて念仏を称え、提《ひさげ》（鍋形の鉢）を叩いて踊ります。やがて、皆の頬が紅潮し、気持ちが昂揚し、恍惚状態（エクスタシー）へとなっていきます。阿波踊りでは、「踊る阿呆《あほう》に見る阿呆、同じ阿呆なら踊らにゃ損々」と囃《はや》し立てますが、念仏踊りを見ている人々も、次第に踊念仏の輪のなかに入っていくようになるのです。

◆僧尼同行から孤高な旅へ

一遍の出自は伊予国《いよのくに》道後（愛媛県松山市）です。祖父は壇ノ浦で平家を滅ぼした瀬戸内海の河野水軍（海賊）の総帥《そうすい》である河野通信《こうのみちのぶ》です。この戦功で、通信は鎌倉幕府のなかで有力な地位を占めましたが、承久の乱で後鳥羽上皇に味方し敗れたために、通信は奥州に流され、一族の多くの者が殺され、領地も大幅に削減されることになりました。この中で生き残った通信の子が通広で、一遍の父親です。このような環境で育った一遍は、幼くして生母と死別すると出家し、大宰府に赴き、法然の孫弟子に当たる聖達《しょうだつ》について修行し、名を智真《ちしん》と改めました。ここで浄土教について学んだのでしょう。なお、聖達の師は、法然の弟子の証空で、浄土宗西山《せいざん》派の祖です。その後、父通広が亡くなったので、彼は伊予に帰国し妻帯したらしいです。そして、一七二四（文永十一）年、三六歳となった智真は土地や家屋など所領を一切投げ出し、旅立ったのです。但し、彼は一人ではなく、僧尼同行で旅立ったのです。一人の僧は異母弟の聖戒と思われ、すぐに伊予国へ戻ります。もう一人の僧は念仏房といって、お世話係であったらしいのです。そうして、残り二人の尼僧である超一と超二は、彼の妻子の可能性が高いと言われています。ここで留意すべきは、最初は尼僧同行の旅であったということです。出家とは財産だけでなく、家族も捨てる行為ですから、この時点では彼はすべてを捨てたとはいえないのです。

その後、智真一行は摂津国四天王寺や高野山を経て、熊野山に登り、熊野権現《ごんげん》から「南無阿弥陀仏　決定《けつじょう》往生六十万人」と書かれた念仏札を配る意味づけを教えられました。今までのように自らが念仏を進めることにより、人々を往生へと導くのでは自力なのです。そうではなく、信不信、浄不浄にかかわらず、南無阿弥陀仏と称えれば往生が決定するのです。そして、妻子とも離別し、名を一遍と改めました。ここに家族も捨てたことにより、一遍は一切を捨てて遊行の旅を行うようになったのです。

◆一遍の念仏

鎌倉仏教の祖師である親鸞も道元も日蓮も、比叡山にて修行をしました。この点、一遍が比叡山で修行をしていないのは特筆すべきことです。日本の浄土教の歴史を回顧すると、平安時代に天台宗の僧であった源信（恵心僧都《えしんそうず》）は、「厭離穢土《おんりえど》、欣求浄土《ごんぐじょうど》」のための念仏を説きましたが、観想念仏が中心でした。鎌倉仏教になると、念仏を称える口称《くしょう》念仏となります。要するに、心に念ずるのではなく「南無阿弥陀仏」と念仏を称えるのです。法然が専修念仏を説き、親鸞が絶対他力を説くならば、一遍は「南無阿弥陀仏」という名号《みょうごう》にひたすら救済の絶対力を求めたのです。六字の名号は、あらゆるすべての仏の教えをおさめた絶対の教えであるということです。ここで留意すべきは、法然、親鸞、一遍と浄土教が深まり、発展したということではありません。優劣をつける問題ではないということです。

◆捨聖《すてひじり》――捨てろ、捨てろ

出家するとは、頭を丸めるだけではなく、家族も財産も地位も名誉も何もかも捨て去ることなのです。一遍は、何もかも捨てたので捨聖ともよばれています。

むかし、空也上人へ、ある人、念仏はいかゞ申《もうす》べきやと問《とい》ければ、「捨《すて》てこそ」とばかりにて、なにとも仰《おおせ》られずと、西行法師《さいぎょうほっし》の撰集抄《せんじゅうしょう》に載《のせ》られたり。是誠《これまこと》に金言《きんげん》なり。念仏の行者は知恵をも愚痴《ぐち》をも捨《すて》、善悪《ぜんなく》の境界《きょうがい》をもすて、貴賤高下の道理をもすて、地獄をおそるゝ心をもすて、極楽を願ふ心をもすて、又諸宗の悟《さとり》をもすて、一切の事をすてゝ申《もうす》念仏こそ、弥陀超世の本願に尤《もっとも》かなひ候へ。[1]

「断捨離」という言葉がブームになりました。単なる「お片付け」ではなく、モノへの執着から離れ、シンプルな生活を送ろうというのがコンセプトだと思います。仏教では煩悩の炎が消滅し、一切の苦しみから解放された至福の境地を涅槃《ねはん》（ニルヴァーナ）といいます。この苦しみの原因が煩悩であり、渇愛《かつあい》ともいいます。要するに、人間には我執《がしゅう》ともいうべき執着心があるからです。よって、一遍は「捨てろ、捨てろ」というのです。捨てるのはモノだけではありません。財産、名誉、地位、家族などすべてです。仏教の開祖である釈尊も王子であったのに、妻子を捨てて出家しているのです。

簡単に「捨てろ」と言いますが、「捨てる」ことは容易なことではありません。机の引き出しの中の整理でさえも、うまく出来ません。特に、思い出のあるモノは捨て難いです。捨てた後で、必要になったら、どう対応すればよいのだろうかと思ったならば、何も捨てられません。捨てられない人が多いらしく、「片づけ」に関するモノは多く出版されています。でも考えてみたら、その人にとって思い出深いモノほど、他者にとっては不必要なモノでもあります。その人がお亡くなりになれば、その人の所有物もすべて無くなります。

遺産として残りますが、本人のものではありません。禅語に「本来無一物」や、あるいは「放下著《ほうげちやく》」という言葉があります。まさに「捨ててしまえ」です。

さて、『一遍上人語録』では、空也上人の「捨ててこそ」を引用し、「一切の事をすてゝ」と申しています。一遍は、これを実践してきた人なのです。一遍は妻子を捨て、住所、衣食のすべてを捨てなければ、執着が残ると考えました。「捨てる」ことを徹底したのでした。臨終の前には、持っていた経典の一部を姫路の書写山の僧に託して奉納し、残りのすべての書籍を『阿弥陀経』を読経《どきよう》しながら焼き捨てました。書籍を焼いて、南無阿弥陀仏の声のみが残ったのです。それにしても一切の書籍を焼き払うとは、徹底しています。一遍の亡き後に、記憶をたどり、残された手紙などにより『一遍上人語録』が成立したのです。

◆「非人」たちが随従

宮崎駿の映画『もののけ姫』には、平地に定住せず農業に従事していない非農業者が登場しています。その中には、柿色の衣を着た「非人」とよばれた人々がいました。

融通念仏すゝむる聖、いかに念仏をばあしくすゝめらるゝぞ。御房《ごぼう》のすゝめによりて一切衆生はじめて往生すべきにあらず。阿弥陀仏の十劫正覚《じゅうごうしょうかく》に、一切衆生の往生は南無阿弥陀仏と必定するところ也。信不信をえらばず、浄不浄をきらはず、その札をくばるべし。[2)]

一遍は、一二八九（正応二）年兵庫の観音堂にて臨終を迎えました。『一遍聖絵』の臨終の場面を見ると、釈尊の涅槃図と同様の構図で、一遍の周りには弟子たち、随従していた人たちが取り囲み、悲しみ泣いています。この群衆には貴賤を問わず、老若男女がいますが、白い覆面に柿色の衣を着た人たちがいます。「犬神人《いぬじにん》」とよばれる人で、その仕事の一つがハンセン病者（癩者）の監督に当たることでした。当時、ハンセン病者は差別され、排除されていました。一遍や時衆は「非人」やハンセン病者が随従しても拒むことはありませんでした。また『一遍聖絵』には、一遍が入寂《にゅうじゃく》（死亡）した後を追う結縁衆《けちえんしゅう》という図がありますが、そこには合掌をしたハンセン病者の姿が描かれています。いかに、一遍とハンセン病者とが信仰で繋がっていたかを証明しています。

鎌倉時代といえば、一遍だけではなく旧仏教と言われる律宗の叡尊《えいそん》（思円）と忍性《にんしょう》（良観）らは、戒律を重んじるとともに、貧民や病者の救済にも尽力しました。忍性は奈良にハンセン病者の救済施設である北山十八間戸を建て、施療や慈善を行いました。

ハンセン病者への差別や排除の歴史は、鎌倉時代だけのことではありません。近代になって、欧米のような衛生国家になろうとして「らい予防法」が制定されました。その内容は、ハンセン病者を療養所へ強制的に隔離するもので、療養所から出ることもできず、結婚するには男性が断種手術を受けなければならず、女性が妊娠すれば中絶が行われました。療養所で亡くなり、そこで火葬され、亡くなっても納骨堂は所内にありました。このようにハンセン病者への人権は侵害されていました。九〇年にもわたり存続していた「らい予防法」が一九八六年になって、漸く廃止されました。私たちは一遍の思想と引き比べながら、この事実を厳粛に受け止めなければならないと思います。

（小泉博明）

《富永仲基》「加上」の説

仏教はもとより、儒教もまた日本独自の発展を遂げた、とよく言うのですが、神仏儒いずれも本来の姿を失った、とも言えます。科学技術ならば旧来の知見を改良し向上させて「発展」させることは当然ですが、思想に関しては、必ずしもそうとは言えないという見方もあります。そういえば、イデオロギーに凝り固まり袋小路に至るなどということも。

◆大坂の町人仲基、懐徳堂で学ぶ

徳川家の八代将軍吉宗は、米将軍とも呼ばれ享保の改革を断行しました。当時の大坂は、経済都市であり、その土地柄、一般学界の影響は受けてはいるものの、学問が学問として育っていくのではなく、江戸や京都とは異なり政治や学問への圧迫が少ないので、思想は解放されやすい状況でありました。大坂という土地が、卓抜なる思想や見解の出る潜在性を持っていたのです。また、出版業の盛行がこれを助長したのです。

さて、司馬遼太郎が随筆の『この国のかたち』のなかで、独創的な商都大坂の思想家を取り上げています。一人は大坂の道明寺屋という醤油問屋の息子の富永仲基《とみながなかもと》であり、もう一人は大名金融業者升屋《ますや》の番頭の山片蟠桃《やまがたばんとう》です。彼らは、元禄時代の直後に大坂で生まれ教育を受け、身分が町人であり、懐徳堂《かいとくどう》で学んでいます。

司馬は仲基について「仏教という夾雑物《きょうざつぶつ》の多い思想を人文科学的な冷厳な態度で洗い込み、ついに、日本が珍重してきた法華経や阿弥陀経などをふくむ大乗仏教というのは釈迦の教説ではなく、釈迦以後五〇〇年たってだれかが創作したものだとした（『出定《しゅつじょう》後《ご》語《ご》』）」[1]と言いました。「夾雑物の多い」とは日本では仏教が、本地垂迹《ほんじすいじゃく》説に基づいて神仏習合になっているということです。神仏分離令が出る前の江戸時代において、寺院と神社が同じ境内にあることは珍しくありませんでした。

仲基の生家は、代々にわたり大坂の尼ケ崎町（現大阪市中央区）の淀屋橋で醤油醸造業を営む富豪でした。父の徳通（通称は吉左衛門、号は芳春）は好学家であり、初めは五井持軒に就き、後には三宅石庵に従い学びました。仲基は徳通の第三子です。そして、徳通が石庵門下の人々と相談し、自分の隠居宅の地に講舎を建築したのが懐徳堂です。とくに創設者の五人のことを五同志と言います。仲基は、父と同様に三宅石庵に就きました。石庵は「鵺《ぬえ》学問」と呼ばれように兼学性があり、その影響を受けました。

仲基は『説蔽《せっぺい》』（現在散逸）を著し、先秦諸家思想を成立論的に批判したため、父が懐徳堂の創設者の一人であるにもかかわらず、師の不興を買い破門されたといわれています。この書が、『出定後語』の先駆となるものであります。

◆大乗非仏説―「加上」の説

歴史は進歩し、発展するというのが近代の歴史観です。これに対し、古き時代を理想とする歴史観があります。例えば儒教では理想的な国家を堯舜《ぎょうしゅん》の時代に求めました。日本では、建武新政が延喜・天暦の治を、王政復古の大号令では「神武創業ノ始ニ原《もとづ》キ」ということを理想としています。また、仏教の末法思想は、「教行証」の揃っている正法、「教行」のみの像法、「教」のみの末法と言うように段々と法滅期に到達するという歴史観です。

おほよそ古《いにしへ》より道をとき法をはじむるもの、必ずそのかこつけて祖とするところありて、我より先にたてたる者の上を出んとするが、その定《さだま》りたるならはしにて、後の人は皆これをしらずして迷ふことをなせり。2)

仲基の「加上《かじょう》」の説とは、思想の発展の原則であり、ある思想が成立するには、他を圧倒凌駕し、自説の正当性を主張するために、それ以前に成立している既存の思想を予想し、それを克服しようとします。そして、新しい思想が成立すると、さらに別の思想が起こり、これを克服しようとします。この克服の過程は連続し、その克服ごとに、従来の思想に存しない要素が新たに付加されることになり、後代の人はそれを知らずに幻惑されることになります。この「加上」の説は、すべての思想に適用されます。従って、仏教については『出定後語』で、儒教については『翁《おきな》の文《ふみ》』で「加上」の説が適用されています。

仏教に関するならば、仏教界ではすべての経典が釈尊の説法であると考えられていました。仏教の経典の冒頭には「如是我聞《にょぜがもん》」という言葉が置かれています。弟子の阿難（アーナンダ）が「かくのごとく我聞けり」ということです。また、「教判」にみられるように、すべての経典が釈尊の説法であるという前提で、分類整理し、経典の優劣判定を行っていました。「教判」とは「教相判釈」のことで、数多くの経典を釈尊が一生涯のなかで説かれたものとして、これらの説かれた形式、方法、順序、説かれた意味内容や教義内容などによって、諸経典を分類し、体系づけ、価値を決めて、仏の真の意図を明らかにするものです。例えば、天台大師智顗《ちぎ》の「五時八教」が有名ですが、『法華経』が最も重要な経典となります。

又天台は、釈迦の方便にて、一代の中《うち》に、諸法が五度かはりたるといひ、又賢首《げんじゅ》は、衆《しゅ》生《じょう》の根機《こんき》にしたがひて、其伝《そのつたふ》る所おのおのことなりと心得られたるは、共に大《おほい》なるとりそこなひのひがみたる事どもなり。此始末をしらむとおもはゞ、出定《しゅつぢゃう》といふ文《ふみ》を見るべし。[3]

「諸法が五度かはりたる」とは、天台宗の「五時八教」のことです。また、「賢首」とは華厳《けごん》宗の教学を大成した賢首大師法蔵のことです。仏教では「対機説法」ということを言いますが、「応病与薬」と同じ意味です。相手の機根《きこん》（仏の教えを理解し修行するための素質や能力）に応じて、それに相応《ふさわ》しい手段で説法をすることで、その伝える内容が相違していることの理由づけとなりました。「臨機応変」とはここから来た言葉です。これらに対して、仏教の「方便」や「対機説法」は大きな誤解によるものであるから、詳細は『出定後語』を読みなさいと言います。

　仲基は、価値からの自由によって、時間的前後のみで思想の歴史を追求したのです。注意すべきは、加上した新しい思想が発展するという事が、思想が進歩するとか、あるいは価値が高まると言った価値判断を回避した、科学的なものであるということです。仲基の学問的研究法である「加上」の説に基づくと、大乗仏教は釈尊が説いたものではないという「大乗非仏説」になります。これまでは仏教の諸経典は、釈尊という一人の歴史的な人物の金口《こんく》によるものであるということを信じて疑わなかったのです。ところが、その前提を根底から喝破《かっぱ》した「大乗非仏説」は、仏教界や仏教徒にとって甚大なる衝撃を与えることになりました。これは、仏教界にとって大乗劣教論、あるいは排仏論とみなされました。しかし、仲基にすれば純粋に学問的、歴史的な研究の成果であり、思想の優劣判定や信仰とは無縁なものでした。仲基は、近世の排仏論の系譜として捉えられがちですが、仏教を排斥し、ましてや敵視したものではありません。

◆『出定後語』の副効果

司馬遼太郎は、前述の随筆で「かれの作業は、副効果として、仏教ぎらいの国学者（本居宣長など）をよろこばせた」と言いました。仲基の『出定後語』が出版されると、賛否両論が乱れ飛びました。幕藩体制の下で寺請制度があり、庶民の信仰心を考えるだけでも、仲基が信念をもって学問的成果を発表した胆力《たんりょく》の凄さが理解できると思います。

安藤昌益は「万人直耕《ばんじんちょっこう》」や「自然世」を説き、封建社会を否定しましたが、『自然真営道』が世に知られるようになったのは、明治時代になってからです。だから、忘れられた思想家なのです。仲基と昌益とは、そこが違うのです。

仏教側からは、放光（摂津の僧）の『弁出定後語』、無相文雄（京都の了蓮寺、浄土宗）の『非出定後語』、潮音（江戸駒込の西教寺、真宗西本願寺派）の『摑裂邪網編《かくれつじゃもうへん》』（『弾出定後語』）などの反駁《はんばく》書が出されました。これらに共通するのは、まず仏教用語の引用や、表現法の誤りを指摘し、仲基の仏教への無学を強調することです。次に、釈尊の超人性により、凡人では不可能なことも可能であるとすることです。そして、仲基が諸経典の諸説の矛盾により、釈尊一人の説法の記録ではないと否定することに対し、釈尊は衆生の機根に応じて、故意に様々な異なる教えを説いたというのです。

また、国学者たちは、『出定後語』を排仏書と見なし、仏教を批判する理論的な武器として利用しました。本居宣長は『玉勝間』で「出定後語といふふみ」という一文を著しています。そこでは、無相という僧が反駁書を出しているが「ひたぶるに大声を出してののしりたるのみにて、一くだりだに、よく破りえたることは見えず」と言っています。声高に叫び批判するだけで、何の反駁にもなっていないということです。さらに、平田篤胤は『出定笑語』を著しました。復古神道を標榜する篤胤は、仏教を排斥するための手段として『出定後語』を採用したのでした。仏教への敵意と軽蔑に満ちた『出定笑語』に対しては、仏教側から一斉に反駁がありました。このように『出定後語』をめぐり多くの書物が刊行されたということは、いかにその反響が大きいものであったかを物語ります。

さて、仏教側がいつ大乗非仏説を受容したのかというと、ようやく近代になって（明治三十年代）、仲基の学問的研究の本質を理解するようになり、村上専精《せんじょう》が『仏教統一論』『大乗仏説論批判』を、姉崎正治が『仏教聖典史論』などを刊行しました。また、中国学の泰《たい》斗《と》である内藤湖南も、仲基の研究法を積極的に活用しました。

◆誠の道

仲基は神道、儒教、仏教という三教が本当の道と呼ぶに相応《ふさわ》しくないと言いました。そして、「誠の道」を説きました。それは、以下の通りのごく当たり前のことなので、いささか拍子抜けしてしまいます。

三教はみな誠《まこと》の道に叶《かなは》ざる道なりとしるべし。（中略）しからばその誠の道の、今の世の日本に行はるべき道はいかにとならば、唯《ただ》物ごとそのあたりまへをつとめ、今日の業《わざ》を本とし、心をすぐにし、身持《みもち》をたゞしくし、物いひをしづめ、立《たち》ふるまひをつゝしみ、（中略）暇《いとま》には己《おの》が身に益ある芸を学び、かしこくならんことをつとめ、……[4)]

仲基は、既存のいかなる思想にも依拠していないのです。仏教や儒教などの権威に依拠して、自己の思想を展開するのではありません。相対主義者である仲基にとって、それらの権威は否定されるのです。だから「誠の道」という「人のあたりまへ」ということになるのです。仲基は、その才能を惜しみなく発揮することもなく三二歳にて夭逝しました。仲基の思想に惚れ込むと、その革新性に近代を読み取りたくなりますが、この点については慎重になるべきだと思います。しかし、封建社会で上下の身分制度があるなかで、既存の仏教や儒教に対して、その権威に怯《ひる》むことなく、自らの合理的精神に基づく実証的な学問の成果を発表した仲基の、堂々と自らの信念を貫いた勇気には感服するばかりです。

（小泉博明）

「放蕩息子」の話

私は、定期テストの際に必ず生徒の意見を書かせる問題を出しています。「あなたが、もしソクラテスであったならば、不正な死刑判決に従うか、従わないで脱獄するか」「『十牛図』の『尋牛《じんぎゅう》』から『見跡《けんせき》』への移行は、どのようなことを言おうとしているのだと思うか」などです。

以下に、過去に出題した問題と生徒たちの解答、その解答に対するコメントから、一例を紹介してみます。

◆放蕩息子の帰郷

問題：「授業でも取り上げた新約聖書の『放蕩《ほうとう》息子の帰郷』を読み、感じたこと、思ったこと、考えたことを書きなさい。」

ある人に、ふたりのむすこがあった。ところが、弟が父親に言った、「父よ、あなたの財産のうちでわたしがいただく分をください」。そこで、父はその身代をふたりに分けてやった。それから幾日もたたないうちに、弟は自分のものを全部とりまとめて遠い所へ行き、そこで放蕩に身を持ちくずして財産を使い果たした。何もかも浪費してしまったのち、その地方にひどいききんがあったので、彼は食べることにも窮しはじめた。(中略)そこで彼は本心に立ちかえって言った、「父のところには食物のあり余っている雇人が大ぜいいるのに、わたしはここで飢えて死のうとしている。立って、父のところへ帰って、こう言おう、父よ、わたしは天に対しても、あなたにむかっても、罪を犯しました。もう、あなたのむすこと呼ばれる資格はありません。どうぞ、雇人のひとり同様にしてください」。そこで立って、父のところへ出かけた。まだ遠く離れていたのに、父は彼をみとめ、哀れに思って走り寄り、その首をだいて接吻した。(中略)父は僕《しもべ》たちに言いつけた、「さあ、早く、最上の着物を出してきてこの子に着せ、指輪を手にはめ、はきものを足にはかせなさい。また、肥えた子牛を引いてきてほふりなさい。食べて楽しもうではないか。このむすこが死んでいたのに生き返り、いなくなっていたのに見つかったのだから」。それから祝宴がはじまった。ところが、兄は畑にいたが、帰ってきて家に近づくと、音楽や踊りの音が聞こえたので、ひとりの僕《しもべ》を呼んで、いったい、これは何事なのか」と尋ねた。僕《しもべ》は答えた、「あなたのご兄弟がお帰りになりました。無事に迎えたというので、父上が肥えた子牛をほふらせなさったのです」。兄はおこって家にはいろうとしなかったので、父が出てきてなだめると、兄は父にむかって言った、「わたしは何か年もあなたに仕えて、一度でもあなたの言いつけにそむいたことはなかったのに、友だちと楽しむために子やぎ一匹も下さったことはありません。それなのに、遊女どもと一緒になって、あなたの身代を食いつぶしたこのあなたの子が帰ってくると、そのために肥えた子牛をほふりなさいました」。すると父は言った、「子よ、あなたはいつもわたしと一緒にいるし、またわたしのものは全部あなたのものだ。しかし、このあなたの弟は、死んでいたのに生き返り、いなくなっていたのに見つかったのだから、喜び祝うのはあたりまえである」。[1)]

◆兄に同情・共感する意見

①父のしたことは間違っていると思う。なぜなら放蕩息子を快く迎え入れ、もてなしたところで、彼自身のためにならないからである。父は「死んでいたのに生き返った」と喜んでいるが、父の中で息子の存在が無くなっていたのだとしても、彼は現実には生きており、しかも遊び暮らしていたのだ。息子にしてみれば、遊び場を移して新たな娯楽を手にしようとするだけであり、罪の意識はすぐに消えてしまうだろう。父が本当に息子を愛しているのなら、息子の行いを叱り、二度と道を踏み外さないように、正しい努力をさせることが一番必要なのではないでしょうか。

【担当者よりのリプライ】

兄に同情・共感する①の様な意見が、圧倒的に多かったです。父は弟に甘く、不公平であり弟のためにも良くないという意見です。このような意見が全体の八割位もありますが、このような意見を全て読んでみて逆に、「生徒諸君も辛いのかな」と感じてしまいました。頑張っているみんなを、もっとほめてあげなければいけませんね。

兄に共感した人たちは、「理不尽である」「非合理的である」「納得できない」という言葉を使っていました。このような立場にたてば、父がどのような対応をすれば、兄が納得できるのかを考えていくということになるでしょう。牛ではなく鶏なら妥当だったのか、いやそもそも家に上げるべきではなかったのか。兄が見返りを求めること、すなわち人間が欲求や欲望を持つことを素直に認め、見返りを他者との間でどのように分配していけばいいのかを考える功利主義という思想が、兄に共感する人たちの立場と重なってくると思います。

「普通」という言葉を使えば、普通の考え方です。イエスの教えは、普通ではなく、普通に疑問を投げかける水準のものなのでしょう。

更に、「父の対応は許せない」「怒りを覚える」と書いている人もいました。そうすると今度は、兄はそもそも弟や父を愛していたのか、本当は兄も心の中では父のもとを離れたかったのではないかという大きな疑念が湧き起こってくるのではないでしょうか。イエスは、「隣人を愛せよ」と説き、「人に対して怒る者は、人を殺すことと同じ罪を犯したのである」「あなた方は許し合いなさい」と説いていたことを思い出します。

◆父の愛を肯定する意見

以下に、少数意見ではありますが、父の愛を肯定しているものを載せます。

②自らの罪を自覚した弟を、たとえ身代を食いつぶしたような息子だとしても篤く迎え入れる父の姿が、イエスの説いた神の愛であるということがよくわかる。しかし、どこか私のなかで兄の言い分も分かってしまうところもある。やはり自分のやってきたことに対して何らかの見返りが欲しいと思ったり、認めてもらいたいと思ってしまうのは人間の根底にある欲ではないだろうか。イエスの説くこの無差別の愛しかり、また孔子の思想も同じように自分を認めて欲しいということをたしなめているが、それでもやはりその欲を捨てきれない私にとっては、この話は私の痛いところをついてくるような気がする。

③はじめは、私も兄と同じように、父の弟に対する態度を非難していた。しかし、宗教について学んでいくうちに、アガペーや慈悲など、自分だけでなく他者に対する配慮や愛の思想を学び、考え方が変わった。人間はどうしても、自利に流されがちだが、この父のように、素直に息子が生きていたことを喜べるのは人間として素晴らしいと思う。また、兄も弟の帰宅を素直に喜べたのなら、こんな美しい家族愛はないと思う。でも、実際人間に

は煩悩があるから、なかなか難しいかも知れない。しかし、教えによって少しでも他人を愛せる人間が増えたら良い世界になるだろうと思った。

④キリスト教の説く愛は、とても美しい愛であり、実行することが難しい愛だと思う。神の愛は、この父親のように自分にずっと付いてきた兄も、財産を使い果たしてしまった弟も同じように愛する様に、全ての者に平等だ。だから、「敵をも愛せ」という考えになる。しかし、その愛を実現するのは難しい。実際、現実の社会では紛争やテロリズムなど、敵を憎んだ結果といえる出来事が多く起こっている。もし私たちがキリスト教の説く愛を実行していたならば、起こらないで済むことが沢山ある。しかし、この話のように、肉親同士ならば実行できそうだと思う。だから、肉親から友人へ、友人から他人へと、少しずつ広げられれば良いと思う。

⑤私は三人兄弟の末っ子であるがゆえに、この文章と似たようにオイシイ思いを何度かしたことがある。だが、私の兄たちは、そのことに関して、私に対しても両親に対しても、文句を言っているのを聞いたことがない。この文章ほどは私と兄たちの利益の差は大きくないが、改めて兄たちの器の大きさを感じた。おそらく、この父は兄の方にずっと愛を与え続けていたが、弟の方は死んだと思い、愛を与えられなかった。でも、生きて帰ってきたから、今まで兄に与えていた愛と平等になるように愛を与えたと思う。一見、不平等にも思えるが、それを許し、弟の帰りを喜べる兄だったら、私の兄たちのようで、かっこい

いと思う。

⑥私の弟は、今心の病を抱えていて不登校ぎみだ。家が駅から遠いことを理由に学校に行きたがらないので、親が駅まで送っていく日もしばしばある。そんなとき私は使っている駅が違うので、車に乗せていってもらえず歩いて行く。雨の日でも私は歩きなのに弟はずるいと思ってしまうが、母は出席日数が足りなくなったら大変だから、非常事態なのだという。弟は友達と買い物に行ったりサッカーをしたりと楽しいことだってしているようにも思うが、精神的に疲れているようなので早く元気になって欲しい。私のなかで放蕩息子の話の兄のような部分がたくさんあると思う。でも、話の中の父や私の親の様に、卑屈な性格になっている私の弟に理不尽なことを言われても、大切に思ってあげたい。

⑦この話に出てくる兄と弟は、私と私の弟によく似ていると思った。私の弟はろくに高校にも行かず、毎日遊んでばかりいるにも拘わらず、母は毎日のようにお小遣いをあげている。しかし私には、家事をしろだの勉強をしろだの口うるさく言ってくる。その弟にいつも不満を持っていたが、よく考えてみると、本当にかわいそうなのは実は弟のほうなのかもしれないと思った。なぜなら、私にはこれから大学に合格し、勉強したいことを学び、充実した人生が待っていてくれる可能性があるかもしれないが、弟はこのままでは目標のない空虚な人生が待っているかもしれないからだ。同様にこの話の兄には明るい未来が待っているが、弟は違う。よって、助けるべきは弟の方であると思った。

⑧ 自分が兄であったら、父の言葉を理解できず、父に怒りをぶつけるでしょう。でもいずれ、父の言葉の意味を理解し、困難を招いてしまった弟と自分を比べ、自分を守ることすら出来なかった弟に比べ自分の方が優れていたと思い至り、それなのに弟よりも多く父の愛を得たいと思ったことを恥じるでしょう。兄弟に優劣はなく、父の愛は平等に注がれていると思います。ただ日々その愛を注がれていたか、一度に注がれたかの違いなのです。

【担当者よりのリプライ】

他方、このようなキリスト教を徹底的に批判した人にニーチェという人がいます。キリスト教は弱者が産み出した宗教で、弱きことを肯定する奴隷道徳であるといいます。弟は、飢饉に襲われたぐらいで、なぜ急に翻意し、実家に戻り父に謝ったのか？「許してください」とおめおめと頭を下げた者が、救われるというのか？　弟は、父や兄の生き方とは全く違った新しい生き方をするために家を出たのではなかったのか？

「神は死んだ」のです。もうこの世には父などいないのです。ニーチェによれば、弟は、善悪すら越えて、遊女らと共にいなご豆を食べながら、「超人」となっていくしかないのです。

（菅野功治）

第3章

教育をどう考えるか

学びたいときに、学びたいことを、学びたい人のところへ行って学ぶ。それが、学ぶということの理想の姿である、と考える人がいます。ソクラテスや孔子に学んだ人々は、まさにそういう風に学んだのでしょう。しかし、今のような義務教育がなかった昔から、親は子どもに半ば無理矢理に学ばせようとしてきたことも事実です。チンパンジーも子どもが大人のやり方を見よう見まねで学んでいくことはありますが、手取り足取りものごとを教えてもらうというのは人間の特徴のようで、それによって身につけた知識が、無駄になることもあるとはいえ、大いに役立つこともまたあります。

教育とは、学校とは、知識とは、学ぶとは、どういうことか。これもまた、「倫理」のテーマの一つです。

《孔子》学ぶということ

「徳を身につけること」と「知性を身につけること」との関係については、ソクラテスやアリストテレスなども述べていますが、孔子は分かりやすく、説得力のある形で説いています。その説得力は、理詰めで通すことによってではなく、『論語』に描かれているような、弟子や政治家たちとの人間的な交わりの中から導かれているところから来ています。

◆「学ぶ」で始まる『論語』

世の中に「生涯学習」という言葉がよく聞かれるようになったころ、それは言い換えれば「死ぬまで勉強」ということかい、うんざりだねえ、と思ったのは私だけではない…と思いたいところです。怠け者の私には、体のよい「ショウガイガクシュウ」などという四字熟語まがいの言葉には、お上の都合で下々のわれわれが時代に乗り遅れないように、やりたくもないことをやらされているイメージが浮かんでしまいます。

しかし「学習」という言葉を古代までさかのぼって考えてみると、また別のイメージが浮かんできます。

子《し》の曰《のたま》わく、学びて時にこれを習う、亦《ま》た説《よろこ》ばしからずや。朋《とも》あり、遠方より来たる、亦た楽しからずや。人知らずして慍《うら》みず、亦た君子《くんし》ならずや。1)

孔子の思想を学ぶときに、必ず取り上げられる『論語』の冒頭の言葉です。「学んでは復習すること、これは実にうれしいことだ」というのは、古くから伝わる知恵を繰り返し学ぶことで、思索が深まっていく喜びを語っています。朋というのは、志を同じくするような人物、ということでしょう。交通機関も通信手段も乏しかった時代に、そんな人物がわざわざ遠くからやってくるのです。学ぶことにこの上ない喜びを感じる者にとって、こんなに楽しいことはないでしょう。学問に精進し、学友との交流を喜ぶような者は、周囲に認められないからと言って怨みや怒りをいだくことはありません。

この一節に孔子の理想の生き方が込められています。

今からおよそ二五〇〇年前、春秋時代の中国は魯《ろ》の国に孔子は生まれました。孔子の教えは、儒教として後の世に大きな影響を与えました。日本にも仏教と同じ頃に伝わり、江戸時代にはその一学派である朱子学が幕府に重んじられるなど、日本人の生き方やものの考え方に深く影響を与え続けてきました。

孔子やその弟子たちの言葉をまとめたものが『論語』です。『論語』をまとめた人々は「一番初めに何を載せるか」ということは、とても大切だと思うのではないでしょうか。『聖書』

であれば「天地創造」から始まるのは順序として当然ですが、『論語』にはそういう当然の順序があるわけではないので、孔子の人柄や思想を明快に示し、しかも続く内容を読みたくさせるようなものを選んだはずだと思います。そうして選ばれたのが、この一節なのです。

◆「学ぶ」とはどういうことか

それでは、孔子は「何を」学んだのでしょうか。

子の曰く、故《ふる》きを温《あたた》めて新しきを知る、以って師と為《な》るべし。2)

「故きを温めて」というのは「古いことをじっくり丁寧に学ぶこと」です。「温故知新」という四字熟語で知られている一節です。

ところで、これは本来、四字ではなく「温故而知新」と書かれています。この「而」は、日本語にしたときには読まないか、読むときは「しかして、しこうして」などと読みます。単に前後を並列していることもありますが、先に述べられたことに加えて、という意味になることもあります。

ということは、「古いことを丁寧に学ぶこと」と「新しい知識を得ること」とを、単に並べているだけなのでしょうか。それとも「古いことを学んだ上に、さらに新しい知識を得ること」、あるいは「古いことを学ぶことの中から、新しい知識を得ること」なのでしょうか。

孔子は、理想の政治を、昔の周の時代に求めた人です。このようなことも言っています。

子の曰く、述べて作らず、信じて古《いにし》えを好む。3)

「(古いことを)述べて(新しいことを)創作することはせず、古いことを信頼してそれを愛好する」、つまり、孔子は決して、新しいものを作ろうとはしていない、というのです。そうすると、先の言葉も、まず大事なことは「温故」であることになります。古いことを温める、つまり、冒頭で紹介した「学びて時にこれを習う」ことです。その中から、新しい知見が開けてくる、そうすれば人の師となることができる、というのが、孔子の考えに近いのではないかと思います。

昔のことなど今の役には立たない、新しいことを学ぶべきだ、という人は、その新しいことが、古いことの積み重ねを経て導き出されたことに気づいていないか、気づいていないふりをしているのです。最先端の学問の世界にいる人々ほど、何もないところから新しいものが出てくるわけではないことを、よく心得ています。これを勘違いして、初学者が古いものをないがしろにしてしまったのでは、新しいものを生みだすことはできないでしょう。

◆いかにして学ぶか

いつの世でも、教育の在り方はよく議論の対象になります。詰め込み教育がよくない、と言えばゆとり教育が唱えられ、今度はゆとり教育がよくない、と言われて授業の内容や時間が増えたりします。このことについて、孔子は、どのように考えたのでしょうか。

> 子の曰く、詩三百を誦《しょう》し、これに授《さず》くるに政《せい》を以てして達せず、四方に使いして専《ひと》り対《こた》うること能《あた》わざれば、多しと雖も亦た奚《なに》を以って為《な》さん。[4]

詩三百というのは、当時の文学の基本であった『詩経』のことです。『詩経』を暗唱していても、政務も交渉事も果たせないようでは仕方ない、と言うのですから、この一節だけを見ると、孔子は知識を増やすことを否定している、と早とちりしそうになります。

しかし、孔子は『詩経』を学び身に付けることは、大切なこととしています。孔子の息子、孔鯉《こうり》が、父親からまず学べと言われたのが『詩経』であり、これを学ばないとまともにものが言えない、と言われています[5]。ほかの箇所でも、弟子たちになぜ詩を学ばないのかといい、その効用を挙げています。[6]

ですから孔子は、物知りが役に立たないということではなくて、物知りな「だけ」ではせっかくの心得が生かされない、と言いたいのです。

子の曰く、学んで思わざれば則《すなわ》ち罔《くら》し。思うて学ばざれば則ち殆《あやう》し。[7]

いくら知識を増やしても、それだけでは仕方がない。学んで身に付けた知識を活用するためには、自ら考えなければなりません。しかし、ろくな知識もないのに考えているばかりでは、深い思索にたどり着くことなどできないのです。「多くの知識を身に付けること」と「それをもとに自ら考えること」の両方が必要です。知識を重視するか、思考を重視するか、という二者択一ではないのです。

◆何のために学ぶのか

弟子の子張《しちょう》が、仕官して俸禄を得たいがために学んでいることを、孔子は批判しています。

子張《しちょう》、禄《ろく》を干《もと》めんことを学ぶ。子の曰わく、多く聞きて疑わしきを闕《か》き、慎みて其の余りを言えば、則ち尤《とがめ》寡《すく》なし。多く見て殆《あや》うきを闕き慎みて其の余りを行なえば、即ち悔寡《くい》なし。言に尤寡なく行に悔寡なければ、禄は其の中に在り。[8]

たくさんのことを聞いて疑わしいことを取り除いて、謹んでそれ以外のことを言えば、誤りは少ない。たくさんのことを見て危なっかしいことを取り除いて、謹んでそれ以外のことを行えば悔いは少ない。言葉に誤りが少なく行いに悔いが少なければ、禄はそこにある。

いつの時代も、就職難になると、職業に直結する教育が求められるようです。最小限の労力で最大限の効果が得られるという、省エネ・効率化が教育にまで入り込んで、なるべく少ない労力でテストを乗り切るには、というところにばかり目がいかないでしょうか。孔子が、学ぶことの大切さを、どんなに繰り返しても足りないかのように語り続けるのは、それが「仁」や「礼」といった道徳性と深く結び付いているからです。

子の曰く、（中略）仁を好みて学を好まざれば、其の蔽《へい》や愚。知を好みて学を好まざれば、其の蔽や蕩。信を好みて学を好まざれば、其の蔽や賊。直を好みて学を好まざれば、其の蔽や絞《こう》。勇を好みて学を好まざれば、其の蔽や乱。剛を好みて学を好まざれば、其の蔽や狂。[9]

仁があっても学ぶことをしないと愚かになる。知識をこのんでも学ぶことをしないと、とりとめがなくなる。信義を好んでも学問をしないと人を損なう。正直を好んで学を好まないと窮屈になる。勇気を好んで学を好まないと乱暴になる。剛強を好んで学を好まないと、でたらめになる。

人を学問から遠ざけて徳性だけを押しつけようとしても、うまくいくわけがありません。学ぶことは、道徳の意味や理由を問うことにつながります。それがあって初めて、徳性は身になります。

仁とは何か。弟子たちは繰り返し問い、孔子は手を替え品を替え答えます。それは、仁が一つの定義で良しとするものではなく、いろいろな実践に現れるものであるからです。正義や勇気は、その定義を知っていれば良いのではなく、ひたすら学び続け、実践し続けることによってのみ近づいていく、そういう徳性です。

簡単に答えの出ないことについて、多くの先人の思索の跡をたどりながら考えつづけていくことは、どのような学問においても、それを深めるために必要なことです。私たちの生き方についても、このような孔子の姿勢にならうことが求められているのではないでしょうか。

（和田倫明）

《福沢諭吉》児童教育者としての顔

日本近代の代表的知識人として、誰もが知っている福沢諭吉。壱万円札の諭吉像は、すぐに野口英世にくずれてしまうにしても、日本国民だれもが親しんでいる顔だと言ってよいでしょう。慶應義塾大学と『学問のすすめ』は諭吉からすぐ思いつきますが、啓蒙と教育という意味では、彼はさらに幅広く奥深い意識を持っていました。

◆上野戦争にも動じなかった教育者福沢の姿

福沢諭吉自身の書いた『福翁自伝』の中に書かれた、慶応四年つまり明治元年の上野戦争、すなわちその年五月十五日の上野彰義隊の戦いの日のエピソードはあまりにも有名です。

江戸市中の芝居も寄席も見世物も料理茶屋も皆休んで仕舞って八百八町は真の闇、何がなにやら分らない程の混乱なれども、私は其の戦争の日も塾の課業を罷《や》めない。上野ではどんどん鉄砲を打って居るけれども上野と〔慶應義塾の所在していた現代の東京都港区浜松町の〕新銭座とは二里も離れて居て鉄砲玉の飛んで来る気遣いはないと云うので、丁度あの時私は英書で経済の講釈をして居ました。大分騒々しいようすだが烟《けぶり》でも見えるかと云うので生徒等は面白がって梯子《はしご》に登って屋根の上から見物する。何でも昼過ぎから暮れ過ぎまでの戦争でしたが、此方に関係がなければ怖い事もない。[1]

当日は土曜日だったそうですが、福沢は土曜日の日課である英語で書かれた経済書の講義を続け、戦火があろうが、学問教育の尊重を他の何物よりも優先させたというエピソードです。

福沢がこのときに講義していた英書についても判明しています。一八六六年に米国ボストンで刊行されたフランシス・ウエーランド"The Elements of Political Economy"という経済書でした。[2]

この故事から、現代の慶應義塾では五月十五日を「ウエーランド経済書講述記念日」としているそうです。別に慶應義塾とは縁もゆかりもないという人であっても、この故事にはやはり畏敬の念を持つ人が多いことでしょう。

◆福沢に学んでいた人々とは

それでは、この『ウエーランド経済書』をはじめとして、福沢の講義を聴いていたのは誰でしょうか。もちろん、江戸の慶應義塾の塾生たちです。

大坂の緒方洪庵の適塾に学んだ福沢は、そのスタイルを踏襲した私塾をつくります。もともとは福沢の出身である豊前《ぶぜん》中津藩（現在の大分県中津市）の江戸中屋敷で藩命によって開いた蘭学塾だったわけですから、教育対象は当然、はじめは中津藩士だけだったわけです。それが評判を呼んで、親藩である紀州藩からの藩命も受けて、紀州藩の藩士の面倒も見るようになったことから拡大を続けて誕生したのが慶應義塾ということになります。従って、現代のわたしたちが抱くイメージとしては、慶應義塾の塾生というのは士族の子弟を中心とした青年層、今でいう大学生世代または若手社会人世代ということになります。まさに『ウエーランド経済書』の内容が読みこなせるような世代ですね。

◆福沢は何と、児童までも教育しようとしていた

現代人はどうしても、福沢に士族のエリート層に対する最先端の洋学を教授して日本の文明開化を支え、欧米列強からの植民地化を阻止した青年層への教育者としての姿を重ねてしまいがちですが、実は意外なようですが、福沢は何と児童向けの教育書も出していたのです。その書とは、明治元年発刊の『窮《きゅう》理《り》図《ず》解《かい》』と、明治二年発刊の『世《せ》界《かい》国《くに》尽《づくし》』。

欧米各国に複数回渡航した福沢ですが、彼は著名な『西洋事情』（慶応二年）などの数々の書で、自らの海外での見聞を紹介して啓蒙に努めました。当然のごとくその対象は、幕末の武家層、維新後の士族層を中心とした、日本を動かそうとしていたエリート層の人々でした。

一方で『窮理図解』は窮理すなわち物理学を中心とした科学入門書として、『世界国尽』は地理・地学入門書として、渡航の時に入手した欧米の書の幾つかの部分を選んで翻訳したもので、広く大衆、子女を対象としたものでした。

◆ベストセラーとなり、小学校で教科書として使われた『世界国尽』

『窮理図解』と『世界国尽』はともに明治五年に学制が定められた後の小学校で使われましたが、ここでは特に、一説には百万部とも言われる部数が発刊された『世界国尽』を取りあげてみたいと思います。なぜ激動の明治維新の当時に、信じられないほどの部数が流布したのでしょうか。[3)]

明治十二年に慶應義塾が出した慶應義塾出版社発兌書目によると『学問のすすめ』が三四〇万部、『西洋事情』が二〇～二五万部ということですから、やはり百万部というのは大変な数字だと言えます。[4)]

福沢自身が存命中に編纂した『福沢全集』（明治三〇年）の緒言で、福沢は『世界国尽』執筆の経緯について、以下のように回顧しています。

幾千百年来、蟄居《ちっきょ》していたような人民が、にわかに国を開いて世界に交わろうとするには、まずそれが世界の何物なのか、どんな方角に位置するかを知り、その地名を知り、その遠近を知るのが最も大切なことだ。（中略）兎に角、全国民が世界をみることを、日本国内をみるのと同様にしたいと思った。江戸の各所にある寺子屋の手習い本に『江戸方角』または『都路《みやこじ》』というものがあって、東西南北の方角地名を記したり、東海道五十三駅《つぎ》の順序を五字七字の口調で面白く書き綴り、児童にその手本の文字を学ばせると共に、その文句を暗誦して自然に地理を覚えさせるという慣行があり、江戸中の人々が貧富にかかわらずその内容を誰一人として知らぬ者がない程だった。自分はこれをみて、よしよし日本国中の老若男女に世界の地理風俗を知ることを、江戸の方角地名や東海道の五十三駅を暗誦するが如くにするぞとの案を想起させた。すぐに書店で『江戸方角』、『都路』の版本を求め、幾度もこれを熟読暗誦して、その口調にならって綴ったものが『世界国尽』である。[5)]

◆七五調で書かれた『世界国尽』

『世界国尽』は全六巻。一の巻が亜細亜洲（アジア）、二の巻が阿非利加洲（アフリカ）、三の巻が欧羅巴洲（ヨーロッパ）、四の巻が北亜米利加洲（アメリカ）、五の巻が南亜米利加洲と大洋洲（オセアニア）、六の巻が地理学の総論・天文の地学・自然の地学・人間の地学という構成でした。七五調の暗誦用の本文に加えて、やや小さな字で詳しい解説をしています。さらに洋書から採録した挿絵図が六巻全体で一〇八葉も入れられています。この挿絵図のオリジナルについては源昌久の研究でかなり明らかにされつつありますが、米国のハイスクール用の地理書や歴史書などが中心だったようです。6)

特に六の巻（付録）はレベルがかなり高く、地学を天文・自然・人間の三つの章に分けて説明しています。天文の章では、地球が丸いことや磁石が南北を指すこと、経度や緯度などを説明しています。自然の章では、海、半島、地峡、岬、山、火山、砂漠、大洋、海、湖水、入海（湾）、瀬戸（海峡）、河、滝などの地形を取り上げています。つづく人間の章はさらにレベルが上がって、文明の発達段階として四段階があることを挙げて、第一段階を「渾沌」、第二段階を「蛮野」、第三段階を「未開又は半開」、第四段階を「文明開化」と解説しています。

このようなハイスクール並みというレベルの知識であっても、何とか小学生の児童レベルで理解できる平易な表現にしようと努力し、また江戸時代後期に流行した往来物《おうらいもの》の「頭《かしら》書《がき》図《づ》入《いり》」という伝統的スタイルも導入して、児童たちに親しんでもらおうと工夫を施した福沢の筆致に、実際に触れてみましょう。

世界ハ廣シ萬国ハ、多シトイヘド大凡《おおおよ》ソ五《いつつ》ニ分ケシ名目ハ、亜細亜、阿非利加、欧羅巴、北ト南ノ亜米利加ニ、堺カギリテ五大洲、大洋洲ハ別ニ又《また》南ノ嶋ノ名称《となへ》ナリ（中略）圓《まろ》キ地球ノ通路《かよひぢ》ハ、西ノ先ニモ西アリテ、廻レバ帰ル本《もと》ノ路、環《たまき》ノ端ノ際限《かぎり》ナキ、大平海《たいへいかい》ノ西ノ方、亜細亜洲ノ東ナル、我日本ヲ始トシ、西ノ方ヘト乗出《のりいだ》シ、其國々ヲ尋ルニ、支那《から》ハ亜細亜ノ一大國、人民多ク土地廣ク、南ニ印度、北ニ魯西亜、東ノ方ハ大平海、瀬戸ヲ隔テテ日本國、九州肥前ノ長崎ヨリ、支那ノ東《ひがし》岸ノ上海《じょうかい》ヘ、海路僅ニ三百里、蒸気船ノ旅ナレバ、十日ノ暇《いとま》ヲ費シテ、往キテ帰ルニ余アリ、南ニ廻リ香港ハ、英吉利領ノ一孤島《はなれじま》、島ニ開キシ新港《しんみなと》、商売繁盛土地賑ハヒ、東洋一ノ港ナリ

（世界は広く、全世界の国数は数多いが、およそ五つに分けられる。アジア、アフリカ、ヨーロッパ、北アメリカと南アメリカ。それに加えて南の島の名称であるオセアニアが別にある。（中略）丸い地球を行き来すると、西の先にも西があって環状になっている端は限りなく見えるが、回れば元の道に帰る。太平洋の西の方、アジア州の東にある我が日本を出発点として西へ航海して国々を訪ねてゆこう。中国はアジア第一の大国で人民は多く土地も広く、南にインド、北にロシア、東は太平洋、幅の狭い海峡を隔てて日本がある。九州肥前の長崎から中国東岸のシャンハイには海路で僅かに千百キロメートル、蒸気船の旅ならば往来に十日あれば余るほどである。南に回ってホンコンはイギリス領の離れ島で、島に開いた新しい港は商売繁盛、土地も賑わい、東洋一の港である。）[7]

阿非利加洲ノ廣大ハ五大洲ノ第二番、南北二千三百里、西ヨリ東ニ至ルマデ、廣キ所ハ二千余里、四方ノ海岸湾曲《でいり》ナク、入海《いりうみ》稀レニ河少ナク、内地ノ様《さま》ヲ探ランモ、船ノ往来《ゆきき》ノ

便《たより》ナシ
（アフリカ州の広さは五大州の中の二番目で、南北は八千六百キロメートル、東西は広いところで七千五百キロメートル余り。四方の海岸には出入りがなく、湾がまれにしかなく、川も少なくて内陸の様子を探ろうとしても往来する船の便がない。）8)

英吉利ハ佛蘭西國ノ北ノ海、獨リ離レシ嶋ノ國、蘓格蘭《スコットランド》、阿爾蘭《イルランド》、英倫《エンゲランド》ノ三國ヲ、威名燿《かがや》ク一強國、人民二千九百万、百工技藝牧田畑《まきたはた》、産物遺《のこ》ル所ナク、中ニモ多キ鐵《てつ》石炭、蒸気器械ノ源ハ、用ヒテ盡《つ》キヌ無盡蔵《むじんぞう》、知恵極リテ勇生シ、水ヲ渡ルニ蒸気船、万里ノ波モ恐《おそれ》ナク、陸地ヲ走ル蒸気車ハ、人ニ翼ノ新工夫
（イギリスはフランスの北の海上に一つ離れたように見える島国で、スコットランド、アイルランド、イングランドの三国を一つにして威名をとどろかせている強国である。人民は二千九百万人で、多くの工業、技術、芸術が生まれ、田畑や牧場が広がり産物が豊かで、中でも蒸気機関の源である鉄や石炭は使用しても尽きないほどにある。知恵もどんどん生まれ、水面を渡る蒸気船は長距離行っても高波が来ても恐れることがなく、陸地を走る蒸気車は人に翼を与えるかのような新しい工夫である。）9)

亜米利加ハ西ニ離レテ新世界、瓢子《ひさご》ノ状ニ横タハリ、北ハ馬良尾《バラヲ》ノ岬ヨリ、南ノ瀬戸ノ

麻瀬蘭《マゼラン》へ、長サ四千二百余里、北ト南ノ二大洲、地理ノ続キハ巴奈馬《パナマ》ナル地狭ノ亘《わたり》ニ二十余里、東ノ方ハ阿多羅海《アタラかい》、西ニ廻レバ大平海、海ノ西ナル日本ヨリ北亜米利加へ渡海シテ、雁保留仁屋《カリホルニヤ》ノ港マデ、東西二千五百余里、世界無二ノ大洋ナリ

（アメリカは西に離れた新世界で、ひょうたん状に横たわり、北はアラスカのバロー岬から、南はマゼラン海峡まで長さは一万五千キロメートル余りである。北と南に二大州があり七十五キロメートル程度のパナマ地峡で地続きとなっている。東はアトランティックすなわち大西洋、西に回れば太平洋である。西にある日本から北アメリカのカリフォルニアの港まで渡海するのに東西九千三百キロメートル余りで、世界で二つとない大洋である。）[10]

本当に見事なまでの七五調です。口調を合わせるために漢語へ訓読みを付けるなどの工夫が随所に見られますし、地名の当て字を解読してゆくのもまた一興です。あの「壱万円札の偉人」福沢が、まず書店を回って児童書を買いあさったり、七五調に合わせるために文字数を必死になって指折り数えている姿を想像するだけでも、何とも微笑ましく思えませんか。実は福沢自身が後日談として『福沢全集』緒言で語っています。

世界国尽は俗中の俗文、自分の目にも可笑《おか》しく見ゆる程なれば[11]

かの福沢諭吉でも、言い訳みたいな文章を書いていたのですね。等身大の福沢の人間性の一面に触れることができる、いかにも愉快な一文ではないでしょうか。

日頃は青年層教育に力を入れていた福沢が「児童教育者としての顔」をもった理由の一つには自身の子どもたちの教育のことを考えたからとする説もあります。福沢は四男、五女をもうけ、子煩悩な側面をもっていたことで知られています。

一般への公刊を目的とせず、当時八歳の長男一太郎と六歳の捨次郎に毎日つづった教訓集『ひゞのをしへ』(明治四年)というものが残されていますが、明治二年に公刊された『世界国尽』も実は、まだ幼い子どもたちが内容を理解できる年齢になったときに使ってもらいたいとの願いも含まれていたのではないでしょうか。

福沢が幼い子どもたちを傍らに置いて、七五調の文を朗読させながら見守っている姿を想像すると、あの壱万円札の偉人もやはり普通の「人の親」なのかなと、何かしらほっとするような気分になりませんか。

なお、この長男と次男は明治十六年に、揃ってアメリカ留学に旅立つことになります。もしかすると『世界国尽』が役に立ったかもしれませんね。

(坂口克彦)

《ソクラテス》人はなぜ間違うか

ソクラテスは無実の罪で死刑になったと言われます。少なくとも裁判の模様を『ソクラテスの弁明』から読みとる限り、死刑どころか、無罪になるように裁判を持っていくことは、彼ほど弁が立たずとも容易であったのではと思わせます。それなのになぜ、と考えさせられずにはいられません。

◆人間をどうとらえたか

ソクラテスは古来偉大な哲人として知られていますが、彼自身一冊の本も残していません。彼の哲学と言われるもののほとんどは、弟子のプラトンによって伝えられています。その著書に『パイドン』という、ソクラテスが毒杯を仰いで死ぬ当日の様子を扱った対話篇があります。

この中に、ソクラテスが若い時に探究した自然哲学について不満を述べるくだりがあります。それは物事の原因をどう考えるかということに関するものです。自然哲学は、例えばソクラテスは今牢の中に坐っているということを、ソクラテスの身体を形づくっているものに骨と腱がある、そして骨は硬く各片は…というように、ソクラテスの身体がどのような状態にあるかということを説明することによって、ソクラテスが牢の中にいることの原因を説明します。これに対して、ソクラテスは次のようにいいます。自分が今ここ、牢の中に坐っているのは、逃亡するよりも、国の科する刑罰に従うほうが正しく美しいと判断したからであると。つまり、人間がある場所にいることの原因は、その人間が何からできているかということでは説明されない。その人がそう判断して行動したかによって説かれるべきだというのです。

この話には、ソクラテスが見出した人間についての姿があります。私には従来と違った風に人間を捉えたように思われますし、少なくともソクラテスにとっては新しい人間像の発見だったのです。ソクラテスの哲学はこの人間像の上に展開します。まずは人間の行動というものは単なる身体の運動ではなくて、その人自身がよいと思ってなす判断に基づくものだという考えです。ソクラテスは、いわば人間行動の原理、人間の主体性というものを発見したのです。次にこの行動の主体となるものを、ソクラテスは魂（精神、心）と捉えました。身心関係で言えば、魂が主であって、身体はそれに従っていると考えられたのです。そして、人間の本質は、つまりその人がどのような人間であるかは、身体によってではなく、魂によって決まるとも考えられました。

魂（精神、心）を主体として解釈することは、われわれにも違和感なく受け容れられやすいものですが、魂はソクラテス以前から生命力、活動の源と考えられていました。ですから、ソクラテスの解釈はそれほど斬新なものではないと考えられるかもしれませんが、魂を生命のもと、活動のもと、物を動かすものと客観的にとらえることと、魂をわれわれの行動主体と考えるのとでは、意味が異なっています。これによって、人間は全面的に自己の判断と行動について責任あるものとなったのです。

そして、ソクラテスの考えるところでは、人間の判断は常に善を目指しているというのです。これも新しい捉え方で、実際には私たちは常に善い行動を取るとは限らないのですが、善かれと思って行動していると、ソクラテスは考えます。善を目指しながらどうして人間は悪を行ってしまうのか、これがソクラテスの問いの立て方なのです。そして、そのような結果になるのは判断が間違っているからであると考えるのです。ではその判断はどのようにすれば正しいものとなるか。ソクラテスは知に基づいてのみ人間は正しく行動できると考えるのです。それを語った有名な言葉が「徳は知である」という言葉です。

◆徳は知である

「徳は知である」とは、いかにもギリシア的な命題です。何故ギリシア的かといいますと、徳、ギリシア語でアレテーと言いますが、このアレテーについての考えがギリシア的なのです。アレテーはおおよそ次のような意味合いで用いられます。馬でも、人間でも、また人工物でもよいのですが、そうしたものに「よいもの」を考えることができます。よい馬、よい人間、といった具合です。この「よい」は「すぐれた」と置き換えることができます。

その時に、あるものがすぐれたものとなっているのは、アレテーが具わっているからだと考えます。つまり、すぐれた馬というのはアレテーの備わった馬、すぐれた人間とはアレテーのある人間、といった具合です。ところで馬はさまざまな性質を持っています。足が速いということもあるでしょうし、人（馬）一倍餌を食べるということもあるでしょう。あるいは体つきが美しいとか、背が高いとか、そういった性質があるでしょう。そうした性質のうちで、それがあるから馬が馬らしいといった性質、それを本質といいますが、そうした性質を考えることができます。アレテーとは、そのものの本質がすぐれていることをいいます。すぐれた馬とはさまざまな性質のうちでこの本質がすぐれた馬のことを言います。馬の場合は、馬は人間がどこかに行くとか、荷物を運ぶ時とかに利用しますから、足が速いとか、力が強いといったことがアレテーということになります。

では、人間の場合はどういった性質が本質でしょうか。この問いは非常に答えるのが困難です。人間とは何か。もっとも人間らしい人間とはどのような人間か。人類は様々な回答を寄せてきましたが、未だ決定的な答えに到達していないように思われます。ソクラテスは次のように考えました。先に言いましたように、ソクラテスは、人間は魂で判断して活動あるいは行動すると考えました。ですから、人間の本質は身体ではなく魂であると考えます。そうするとすぐれた人間というのは身体がすぐれた人ではなくて、魂がすぐれた人間のことだということになります。身体をすぐれたものにするには、栄養と運動が必要と考えることができます。では、魂をすぐれたものにするのはなにかと言えば、知・知恵でであるということになります。ですから、すぐれた人間とは知のある人間だということで、徳は知であるということになります。

◆無知の知

「無知の知」に関しては、ソクラテスにまつわる逸話が残されています。ソクラテスの友人が、デルフォイにあるアポロン神殿で神に「ソクラテスよりも知恵のある者はいるか」と問うたところ、「ソクラテスより知恵のある者は誰もいない」という神託を得たというのです。この神託に対して、ソクラテスは、知らないことの多くある自分が他の人より知恵があるというのは、不可解だと思うのです。神は一種の謎を掛けているのではないだろうか、とも考えます。というのも、アポロンの神託はギリシアでもっとも信仰を集めたのですが、それは多くの場合、問いには直接答えずに、謎の形でなされたからです。ソクラテスは神の意図を読み取ろうとして、神託の真意を確かめようとするのです。問答することによって、当時人々に知恵があると思われている人たちを訪ねて問答することによって、相手が自分より知恵のある人間であるかが分かると考えたのです。最初に訪ねたのは政界の人でした。その結果ソクラテスは次のように結論するのです。

　この人間より、わたしは知恵がある。なぜなら、この男もわたしも、おそらくは善美のことがらは、何も知らないらしいけれども、この男は、知らないのに、何か知っているように思っているが、わたしは知らないから、そのとおりに、また知らないと思っている。だから、つまりこのちょっとしたことで、わたしのほうが知恵があることになるらしい。つまりわたしは知らないことは知らないと思う、ただそれだけのことでまさっているらしいのです。[1)]

　ソクラテスは、政治家のほか、劇の作者や手に技能を持つ人の所へも行きましたが、同じ思いをして帰ってくることになりました。そうして、結局「ソクラテスよりも知恵のある者はいない」という神の神託を認めざるを得なくなりました。ソクラテスは、相手の人が知らないのに知っていると思っているのに対して、自分は知らないからそのまま知らないと思っている、ということで自分の方が知恵があると判断したのです。知らないということをそのまま知らないとしている、あるいはそのことを自覚しているという点で相手より知恵があるのです。この知らないことを自覚しているということが無知の知といわれるものです。ところで、相手も、またソクラテスも知らないとすることとは何でしょうか。文中に「善美のことがら」とあります。私はこの言葉が重要と考えます。「善美のことがら」とは、善と美を兼ね備えたギリシア人にとっては理想的なもののことなのです。その善美のことがらについて知らないということは、いわば人生についてもっとも大切なことがら、それによって他のものの価値が計られる最終的な価値について知らないということになります。ソクラテスが訪ねた政治家、作家、職人たちは、当時のアテネでは一流の人々で、それぞれその分野ではすぐれた人だったのです。しかし、生きる時に最も大切な最終的な価値（善美のことがら）、つまりどのような生き方が最も善い生き方であるかとか幸福については知らなかったのです。

◆人はなぜ間違うか

ここには二つの知、専門的な知と生き方に関する知があります。この人たちは専門的な知に関してはソクラテス以上の知者なのですが生き方に関する知については無知であったのです。たんに無知であるというのであれば、ソクラテスと同じように無知を自覚する人でしたが、知らないにもかかわらず知っていると思い込んでいたのです。ソクラテスはその理由を次のように指摘しています。この人たちはそれぞれの分野では知恵のある人であり、世間でもそう認められているが、知恵があると認められているが故に、それぞれの分野とは異なる善い生き方（善美のことがら）に関しても知恵があると信じてしまったのであると。ですから、人は知らないから間違うのではないのです。言ってみれば、人が自分は知っている、知恵があると考え、それを拡張して知らないことに関しても知恵があると考えるから間違うのです。

◆神託の教えを受けて

さらにソクラテスは、神託は自分のみならず他の人々にも、以下のことを教えようとしているのだと解釈しました。つまり、神だけが本当の知者なのであって、人間の知恵というようなものは、まるで価値のないものだということ、そして、人間のうちで一番知恵があるのは、自分は知恵に対して何の値打ちもないと知ったものなのだ、ということです。しかし、ソクラテスは知恵を求めることを放棄したのではありません。人間である限り神のような知恵を持つことはできないとしても、知恵を探究することはできると考えました。この知を探究する生活こそが人間ができる最高の生き方であると考えたのです。この知恵の探究こそ、哲学と呼ばれるものです。

人間は神には及びません。そして欠陥だらけです。しかし、人間はそうした条件のもとで生き行為せざるを得ません。しかも行為するときには知にもとづかねば行為することができません。とすれば、その知を吟味し、限界があると知りながらも、知を愛し求めて生きるほかないのではないでしょうか。あとは神の思し召しのままに生きるほかない、というのがソクラテスの考えだったように思われます。

（佐良土茂）

《デューイ》問題解決学習

デューイの著書『哲学の改造』は、一九一九年に来日して東京帝国大学でおこなった講演がもとになっています。しかし当時の日本の哲学界では、ドイツやフランスの哲学研究が主流で、英米系の哲学を専門にする人は少なかったのです。デューイをはじめとするプラグマティズムの哲学は、ずっと英米の科学技術の発展、経済や政治の背景を形作ってきました。その影響を見過ごすことのないようにしなければなりません。

◆デューイの哲学

デューイは、アメリカの哲学者、教育学者、プラグマティズムの大成者といわれています。プラグマティズムとは、思想や知識は、人間が行動するときに役立つ道具であり、そうでないものは本当の思想や知識ではないとする立場で、「道具主義」とも言われています。デューイの思想は、ダーウィンの進化論の影響を受けているといわれています。例えば、動物は環境に適応して生きています。それは人間も同じです。ただ人間は、道具を用いることによって、他の動物に比べて環境に対してより大きな適応力をもっています。

同様に、思想と知識も、人間の行動を導き、環境に対するより良い適応を実現させるためにあるといいます。思想と知識は、生活経験を推し進めていくための道具なのです。このことを「道具としての知性」といいます。

デューイは『哲学の改造』[1]の中で、これまでの哲学の展開過程を批判しています。古典古代の形而上学、つまり現実の背後にある世界を捉えようとする哲学が、その捉え方を深めることで認識論に発展したといっても、結局は、現実を離れた観念論を生んだとして、信仰や制度を作り直し、知識を通じて自然を支配する力にならなかったと批判しています。要するに古典古代から中世の哲学が、形而上学的な宇宙的なものであり、近代以降になると認識論的なパーソナルなものになったといっても、所詮、それ自体が目的であり、観念的なものであることには変わりがないと述べているのです。これに対してデューイは、哲学を再構成して、世界を作り直す手段として扱うことを主張しているのです。

◆創造的知性

さて、デューイの考える哲学とは、どんなものなのでしょうか。

デューイのいう知性とは「創造的知性」だといいます。創造的知性とは、実験的知性ともいい、よく以下のように表わされます。

①新たな状況に直面した時、②それを観察し、③認識し、④仮説を立て、⑤行動し、⑥その結果を検証する。①~⑥を繰り返すことによって、環境への働き掛けを行って、環境を改善していく。このことが社会改良に繋がっていくといいます。

知性は、現実的な問題解決をするための道具なのです。ですからデューイは、観念的なことよりも生活体験からの経験を重視します。

◆教育者としてのデューイ

デューイはこの哲学を教育に当てはめました。

デューイは次のようなことを言います。教育は知識を覚えるような受動的なものではなく、子どもの日常経験を能動的に改造する営みである、そのためには知性によるコミュニケーションと、それを支える民主主義社会が大事である。この考え方を学校教育にも取り入れようと、実際に学校を設立しました。それを実験室学校といいます。では具体的に、どんな教育が行われていたのでしょうか。

まず「オキュペーション」というものを全教科の中心に置きます。オキュペーションとは、ひとつのまとまった活動であり、教科と違って、子どもたちにとっては、「仕事」となります。その仕事を遂行するために種々の教科の知識が必要になるように組まれています。その内容は「家事」であり、「裁縫」(衣)、「調理」(食)、「木工」(住)をその典型的な活動としています。

最初にオキュペーションを全教科の中心において勉強することにどういう利点があるのでしょうか。何といっても、内容が子どもの身近な対象であるので興味・関心を持ちやすいでしょう。「家事」、「裁縫」（衣）、「調理」（食）、「木工」（住）の仕事は、家庭で子どもたちが最初に見るものです。子どもの遊びであるままごとを想像すればよく分かるでしょう。この勉強を通して、家庭生活との結合、社会の仕事の仕組みが見えることによる社会との結合、作業・体験活動、共同（協働）活動を通して、頭だけではなく、体で直接経験させられること、勤勉と根気の習慣、器用さと機敏さの習慣計画をたてる賢明さと、それを実行する能力などを発達させること、この活動を通して、仲間と協働、協力することを学び、公共性が身につきます。そのことは、将来の民主主義の主体者を育てることに繋がることだといいます。

そして、このオキュペーションが、さまざまな教科の学習に繋がり展開していきます。例えば、「裁縫」から綿、羊毛の研究を通して、理科の知識と科学的思考を身につけます。その後その綿や羊毛がどこから来るのかをたどり、農場や牧場での仕事を知り、その輸送機関やそれに従事する人々の仕事を知ります。それが、原始時代の人々の生活形態の勉強に繋がり、さらにそれが産業革命の歴史に発展し、生きた歴史を学ぶことになります。その間にその勉強に必要な文字、計算等の技能の必要性を子どもたちは感じ、進んで学んでいくようになります。つまり、子どもの身近な「家事」である「衣」、「食」、「住」の活動から発展して、「理科」「歴史」「地理」「芸術表現」「文学」等の学習が展開されるカリキュラムの構想があるということです。デューイがいみじくも言ったように、「学校のカリキュラムの主題は、社会生活の原初的な無意識の統一から、徐々に分化すべきである」ということなのです。

さらに、このカリキュラムの過程での活動において、話すこと、書くこと、読むこと、絵画、造形、モデリングなどの社会的コミュニケーションの活動が要求されて身につけていきます。

また、カリキュラムは絶えず発展・修正されるので、こうした活動において「問題や疑問を設定する力」、「反省的注意」が形成されるようになるのです。

◆日本の学校教育への影響

戦後、米国に占領された影響もあり、デューイの教育思想や方法は急速に日本の学校教育に導入されました。

戦後まもなくの頃に学校教育を受けた人は、思い当たることがあるかもしれません。自らの生活経験から課題を見つけて、それを解決していこうというような教育です。たとえば、昭和二六年の学習指導要領の中では、「問題解決」という言葉が多用され、教育課程を「(前略) 生徒にとって関心があり、また重要な問題を中心として、ある一定の教育目標の達成を目ざして展開される学習経験のまとまり」である「単元」によって組織し、「教師の講義本位による単調で受け身的な授業から脱して、問題解決に向かってのいきいきとした種々の学習活動」を行うことが求められています。[2)]

一方で、平成元年以降に小学校に入学した世代は、「生活科」という教科や「総合的な学習の時間」を思い出してみてください。デューイの実験室学校で行われてきたような勉強をした記憶がありませんか。

デューイの授業の方法論は、単に知識の暗記ではなく、子どもたち自身が生活体験の中で主体的に問題を発見し、解決する方法なのです。これを問題解決学習といいます。でも戦後間もなくの頃の教育もそうでしたが、生活科や総合的な学習の時間を学んできた世代は、いわゆる「ゆとり世代」と揶揄され、学力不足の代名詞のようにいわれてきたところがあります。その度に、「知識注入型」の教育に変わり、それがまた批判されるとまた「問題解決型」の教育に帰る、ということを繰り返してきました。現在の学校教育の内容は、「ゆとり教育」の三割増しだといわれています。ところが、二〇二〇年代以降に、大学入試問題も含めて学校教育のあり方を大きく変えるということが公表されています。例えば、グローバル化の進展に対応するためにグローバルな人材をという財界の要請を受けて、アクティブ・ラーニングを学校教育に導入することを提唱しています。アクティブ・ラーニングとは、教員が講義形式で一方的に教えるのではなく、学生や子どもたちが自分から進んで、さらにお互いが協力しながら学ぶ指導・学習方法の総称です。具体的には、体験学習、問題解決学習、調査学習などがあり、討論やグループワークなども有効な学習方法とされています。最近では、小中高校にも広がりつつあります。アクティブ・ラーニングはもともと、アメリカの大学で盛んに行われていたものです。この根底の思想に〝為すことによって学ぶ〟というデューイの思想があることは明らかでしょう。

◆社会への影響

学校教育だけではなく、社会人の仕事にもデューイの影響が見られます。D・A・ショーンというアメリカの哲学研究者は、省察的実践家という新しい専門家のモデルを提唱しました[3)]。従来、医者、科学者や技術者といった専門家と違い、看護師、教師、マネージメントなど専門家として見られていなかった職業を省察的実践家として扱ったのです。その分析方法は、行為の中の知、行為の中の省察、状況との対話です。すなわち、省察的実践家という専門家は、行動しながら考え、省察し、状況の中で絶えず問いかける存在なのです。ここにもデューイの思想を適用し、展開させるという影響が見てとれるでしょう。

さらにバブル崩壊後、日本の会社では年功序列制や終身雇用制が崩壊したといわれ、代わりに導入されたのが、成果主義による評価制度です。公務員も自己申告書なるものを書かされ、一年間の目標と中間報告、成果を報告し、評価されています。これらもアメリカ産です。ということは、ここにもデューイの思想の影響が見られます。

最近は、グローバル化社会の中で、どう生きていくかが問われていますが、日本の状況をよく観察してみると、グローバル化社会とは、アメリカ化社会のことで、それは外交や政治だけではなく、経済や経営、社会、教育、文化などに浸透しているように思われます。そしてその根底には、気付かないうちにデューイの影響が脈々と受け継がれているようです。

こうして見てくると、アメリカの影響下にあるものはデューイ的な発想に由来するものであることがよく分かります。そういった意味でデューイに興味、関心を持っておくことは、これからの社会を生きる上で大いに役立つように思うのです。

（西尾　理）

《ハイデガー》根源にさかのぼる

科学的な考え方と哲学的な考え方の違いというテーマも、高校「倫理」では必ず取り扱う内容ですが、それほど単純に正解が示される問題ではありません。科学優勢の時代に、哲学が身を守るための言い訳を探しているとすれば、こんなむなしいことはないでしょう。しかし、ハイデガーの思想から、私たちは哲学的な考え方のもつ恐るべき力に気づかされます。

◆哲学の危機

マルティン・ハイデガーがドイツ南部の寒村メスキルヒに生まれた一八八九年、日本では大日本帝国憲法が発布され、晴れて「近代国家」の仲間入りをしました。憲法という立派な衣は、それに見合う生産力と自己防衛力という身体があってはじめて着られるものです。日本でも、そして西洋でも、この身体を強くきたえてくれるのは科学技術でした。

科学技術は様々な発明によって人々の生活を向上させましたが、哲学なるものは、何の具体的な成果も出せないもの、今風に言うと何も社会貢献しないものだとすでに思われていました。ですから、当時の哲学者は二千数百年の伝統ある哲学を守ろうと必死でした。

たとえば、当時ドイツ哲学の主流であった「新カント派」というグループの目的は、精神の領域でも科学の厳密さにひけを取らない手法を打ち立てることでした。もしくは、科学的であることをあきらめて、文学や芸術などの特定の価値観を基礎づけるようなものとして、生き残ろうともしています。同じ頃、心を科学の対象とする実験心理学や、科学的に哲学を乗り越える実証主義をかかげた社会学が始まっています。ともかく学問である以上、科学的であることが求められていたのです。

◆ハイデガーの哲学

そんな中、ハイデガーはどのように哲学していたのでしょうか。何とも答えにくい問題です。なぜなら彼は、「哲学」にそれまでとは全く異なる役割を見出したからです。はたして、哲学は何をすべきだというのか、ひとつ例を挙げて考えてみましょう。

例えば道端に十円が落ちているとします。大人はたいして興味を示さず通り過ぎるかもしれませんが、小学生であればきっと飛びつくでしょう。子どもにとって、お金が落ちているというのはそれだけで事件なのです。さてそこで、十円に対する反応として、「正しい」のはどちらでしょうか。ここに、「十円を拾うべきか」という倫理の問題や、「金を拾う行為の卑しさ」という文化の問題や、「落ちている十円の悲しさ」という文学の問題……様々な問題が出てくるでしょうけれど、いたずらに多様になるだけで何も決まりません。

だいたい学問というものは、考え方が時と場合によって変わったり、ひとそれぞれであったりしてはいけませんから、「十円とは何か」をしっかり定義しなければいけません。そこで最も強力で厳密なのは、我々の日常的な感覚から十円を切り離して、その重さ、材質、形状などのデータを計測するやり方です。そうすれば誰がどう見ても共通の、つまり唯一本当の「十円」が姿を現します。このデータはロンドンに行こうが、二〇〇〇年さかのぼろうが変わりません。変わるとしても、どう変わるか前もって分かります。また、主要な材質である銅だけを取り出すことも、銅の性質を利用して表面を酢で溶かしてピカピカにすることもできます。詳細なデータと設備さえあれば、コピーすることだってできます。やっていいのは造幣局だけですが。

ともあれ、これこそが科学であり、もっとも普遍的な「本当の学問」です。いわば「科学未満」である倫理学や文学との大きな差でしょう。

ところがハイデガーの「哲学」は、日常の感覚から考える文学や倫理学といった科学未満を助けることもせず、日常から切り離された科学にすり寄ることもまた、しませんでした。彼が問題にしたのは、そもそもなぜ私たちの世界は、私たちに現れ得るのか、そしてそこからいかにして日常的な関わりや科学的な関わりが生じ得るのか、ということでした。

◆根源へさかのぼる

科学は、いつ、どこで、だれにとっても同じ結果が得られる普遍性を持っています。ところがそれは、だれから見ても正しいかわりに、だれの目線でもありません。先ほどの十円を我々の日常的な感覚から切り離して得られたのが科学なら、科学の由来は日常にありますから、科学によって生じた問題は日常に戻って考える必要があります。

しかし、日常の生活が大事と言っても、ただ漫然と過ごす中からは何も得られません。さきほどハイデガーが問題にしていたのは、なぜ私たちは世界の中で漫然と過ごすことができるのか、あるいはそうでない仕方がありうるのかということを、世界と私の内部構造に立ち入って調べようということなのです。

ここでハイデガーの哲学の基本姿勢が明確に見て取れるでしょう。それは、常に根源へさかのぼろうとする、ということです。それと同時に、根源から離れれば離れるほど、それは本物ではなくなっていく、ということも言えます。

ハイデガーにとって、データのかたまりとしての十円より、自動販売機に入れるための十円の方がより根源的で、本当の関わり方を保っているわけです。

ならばそこからさらに根源をたどると、なぜ私がそのように十円や世界と関わっているのか、そして、そのように世界と関わっている私はどのようにして形成されているか、という問題になってきます。私というものは、何かによって作られてそれっきりではなく、これまでどのようにあったか、これからどうあろうとするか、今まさにどうあるのか、という時間の中で統一されつつ、そのつど自己更新されてゆきます。また、「あった」、「あろう」、「ある」の統一は、「ある」の問題、すなわち存在の問題と表裏一体となっています。最も根源的なものは存在そして時間だと言えます。

まあ、そんな込み入った話は『存在と時間』[1]という著作に任せて、私たちはハイデガーの根源志向とどのように関わったらよいか、それを考えましょう。

◆現代社会の問題と学校

科学をはじめ、日常の様々な問題も、結局その由来をさかのぼれば「私はいかにあるか」というシンプルな自己決定の問題に行き着くというのは恐ろしい洞察です。もちろんそもそも「ある」が一体何を意味するかをとらえていなければ「いかにあるか」などと言えないので、本来は存在への問いから離れることはできないのですが、自分自身が「ある」ということに向き合うという姿勢はまねできそうな気がします。このことは、自分がいかにあるかを、他者にたよって他者の目から決定しないということをも意味しています。

ただしそれは、自分の可能性にかけるとか、人生の短さを惜しんで努力するとか、将来へ向けて頑張るとか、そういうことと等しいわけではありません。それらは単に副産物であり得るだけで、根源へ向かうことと直接には何の関係もないのです。むしろ根源に向かうことは、私の中で最も私固有のもの、つまり代替不可能なものである私の死や、私が既に存在することの無根拠さに直面し、足下が崩れ去るような不安の中に留まることです。

「人生は短い、よし頑張ろう」という発想は、死と本当に対決することをむしろ避けているように見えます。

では、自分の存在を問う時間もなく、必要性も感じないまま根源から離れている私たちをそうさせた原因は何でしょうか。客観的で普遍的な科学技術や学問を、我々の生活よりも優先させる現代社会を作ったのは、そのような社会に適合したエリートです。そのエリートを作ったのは、やはり学校であり、またそのエリートたちは自分たちを成功に導いた学校制度に肯定的ですから、学校は社会によって改革されることなく、エリートを再生産し続けていることになります。

ですから、問題の根源は学校教育に帰着するところが大きいというのは否定のできないことではないかと思います。そして、私たちが学校の勉強に感じる一種のつまらなさも、生活から切り離されていることに由来するのではないでしょうか。

私たちは、ふだんの生活の中では、「なぜ親の言うことは聞かなければいけないのか」とか、「自分の好きな子に好きな子がいたら、本当にあきらめなければいけないのか」とか、「どうして風はときどきいい匂いがするのか」とか、そういう疑問の中に生きているのに、学校の授業では三角関数がどうとか、偉い文学者の気持ちになって考えましょうとか、ほとんどの生徒にとって断絶された世界に生きなければならないのです。そして、次第に学校の方が普通になっていって、生活の中の疑問を不当に軽視したり、そもそも考えなくなったりしていくのです。そうやって出来上がった大人はどうでしょう、たしかに言われたことを処理する能力はついて、うまく社会を回せているようです。ところが何か問題が起きたときはもとより、普段の生活においても、出てくる言葉は一般論か権威の言葉ばかりです。世間一般の言葉でしゃべっておきながら、そこに自分がいないことを悲しむどころか、教育を受けた証のようにふるまうのはいかがなものでしょうか。

これは教員である私自身の反省するところでもあります。権威の言葉を借り、誰でもない仕方で語り、生徒と関わるなら、極論すれば私でなくても良いわけです。では私が私であるとはどういうことなのか、これが誰にとっても一番大きな問題となるでしょう。

◆教育の中に生じる根源への眼差し

私が私自身の「ある」と向き合うのに重要なのは、生活から離れる科学的傾向に埋没することでもなく、その逆にただ生きることを素朴に遂行することでもなかったはずです。大切なのは一点のみ、根源へさかのぼる姿勢を持つことです。しかし、さしあたりそれを完遂して存在とは何か、私とは何かを理解してしまうことはあり得ません。それは、ハイデガーですら、一生かかっても成し遂げられなかったことです。

ですから、最後に、根源への眼差しを忘れないようにするために、特に学校教育の中で考えられる具体例を提案したいと思います。

まず、「他人の言葉で語るだけで済ませない」、「自分が一体何であるか、何でありうるか他人の評価だけで理解しない」、「科学の世界こそ真理であり、日常の世界は不純物だらけだという転倒を起こさない」、などの予防的な構えが必要であろうと思います。

次に、「あらゆる事に根拠を求め、由来を明らかにする」、「ものごとの由来、根源にしつこく興味をもつ」、「本当に根拠へ向かっているか、対話などで明らかにする」というような、より積極的な姿勢を身につけることが大事になるでしょう。

最後に、「根源を問う営みは、何かしらの成果や社会への貢献を手放すどころか、うまくいっているものを妨げ、往々にして破壊することになるが、実は最大の成果を生むことを準備しつづける」ことを、何らかの共同体などで確信することです。これは最も重要ですが、最も難しいでしょう。例えば、「そもそも学校は必要なのか」という、根源的で破壊的な問いを共に問い抜くことができる学校ほど、「学ぶ権利」を最高に尊重し、根源的な問いを尊重しているところはないと言えるでしょうが、そんな学校があるでしょうか。

しかし、教育にこれらの根源への眼差しが全く失われたままであれば、どんな社会が生まれつづけるのか、しかもそのなかで「本当の自分になろう」、「自分で考えよう」などと、どうして言えるのか。大きな疑問を抱きつつ、この疑問を広く共有していきたいのです。

（古賀裕也）

高校生との「哲学対話」

◆「子どものための哲学」

子どもにこそ哲学が必要だ！そう考えたマシュー・リップマンというアメリカの哲学者は、一九七〇年代に「子どものための哲学」という呼称を用いて、学校での「哲学対話」の実践を始めました。この活動が現在では世界各地に広がり、日本でも少しずつ学校の授業のなかで行われるようになっています。

「哲学対話」とは、対話の参加者が普段の生活のなかで抱く身近な、でも正面からは考えたことのない「問い」を、自分たちの言葉で、自由に、じっくりと、考える活動です。そのため過去の哲学者の思想を学び、知識を獲得することを目指してはいません。また、与えられた立場から勝ち負けを競い合うディベート型の討論とは異なり、対話を通じて各自の考えを深めながら、教室を「探求の共同体」へ変えることを目指しています。（ただし、両者ともに発言の理由や根拠を重んじる点は同じです。）

私はこの「哲学対話」が、高校生たちに魅力的で内容豊かな〈考える「倫理」〉を提供するものになりうると考えています。そこで、この実践の意義について、高校生たちによる実際の対話を紹介しながら考えていきたいと思います。

◆哲学対話の基本的な流れ

① 教室で輪になって座り、その日のテーマや問いを決めます。決め方は様々で、なにかテキストや絵本を読んだり映像を見たりして、そこから問いを出す場合もあれば、全く自由に生徒から考えてみたい問いを募る場合もあります。

② 決まった問いをめぐって、ゆっくりと、自分たちの言葉で考えていきます。人数が多くて集中力を欠くのであれば、小グループでの対話を行うこともあります。対話の場では、その生徒が本当に考えたくてした発言であれば、何を話しても自由です。あるいは何も話さない自由もあります。聴きながら考えることも立派な対話の姿勢だからです。

③ 時間に終わりがきても、無理にはその日の見解を一つにまとめず、問いはオープンエンドのままにして、全体でその日の対話のふりかえりを簡単に行って授業を終えます。

以上を基本的なスタイルにしながら、まだ経験の浅いクラスでは導入として、教室の緊張感をほぐすためのワークや、質問と応答の練習のための「質問ゲーム」などを取り入れる場合があります。また、発言者を可視化し対話を円滑にするための毛糸で作ったボール

（「コミュニティボール」）の使用も有効な手法です。

対話には教員や大学関係者といった大人が進行役として輪に加わりますが、その役割は知識や問いの答えを教えることではなく、あくまで議論の整理・促進です。なぜなら、哲学対話で扱う問いは大人もまた答えを知らないような問いだからです。

進行役は生徒たちが互いの意見にうまく質問・応答できているか、攻撃的な議論の応酬になったり、特定の生徒の個人的事情に踏み込むなど対話の場の「安全性」が損なわれたりしていないか、対話の展開が早くなりすぎていないか、こういった点に十分注意を払います。また、自身の存在や介入が生徒たちの自由な対話を妨げ、知らず知らずのうちに議論を誘導してしまう（＝対話の場の「安全性」を損なう）危険性には、十分に自覚的になるべきです。

最初から進行役の大人なしでは、生徒たちが本当に深い対話に至ることはまれなので、教室を「探求の共同体」に変えるための役割は非常に大きなものです。その意味で大人は常にある種の緊張関係のなかで対話に加わっていると言えるでしょう。哲学対話における大人の存在をどう考えるかは、対話を行う上での自由と関連して大きな課題であり、また一つの哲学的なテーマでもあります。

◆高校生による哲学対話―個性は大切か―

さて、都内のある高校で、一年生十四名と行った九〇分の哲学対話の様子の一部を紹介しながら、より具体的にその特徴について考えましょう。

生徒から出た「なぜ勉強しなければいけないのか」「人に良心はあるのか」「人間は進歩し続けないと生きていけないのか」などの問いの候補から、二、三〇分をかけてそれぞれの問いの意味や背景を確認しながら話し合った結果、「個性は大切か」が全体の問いに選ばれました。

1　個性は他人から植え付けられるもの―自分の言葉で語り、考えること―

対話はある生徒が発した「自分で個性だと思っているものは、そもそも他人との違いとして押し付けられたものなのではないか」という疑問から始まりました。まず注目したいのは、その直後の三人の生徒を中心にした次のようなやりとりです。

生徒A：さっき個性っていうのは他人から植えつけられるものって言ってて。例えば靴下がおしゃれだって言われて他人からは個性だと思われても、自分では個性だと認識していない、っていう例があるんですけど、逆に自分から個性を出そうとしているB君としては自分の個性ってなんだと思いますか。

生徒Ｂ：自分の個性は、逆に個性的だなって評価される立場にいることだと思います。

生徒Ａ：他人から個性的って見られることが自分の個性なら、結局は個性を表現してるって言っても、個性は他人から与えられたものっていうこと？

生徒Ｂ：そう思います。個性は他人から与えられた違いだと思うし、自分が世界に一人しかいなかったら、個性は無いわけで。他人から評価してもらわなければ個性とは言えないし、逆に評価されるものを出すことが個性を出すということかなと思います。

生徒Ｃ：今の意見は私的には反対で、別に他人から言われなくても自分が個性だと思ったら個性って言ってもいいし、洋服で言うと私から見てすごい個性的だなって思うのがＤちゃん。それはぱっとみて分かる個性だけど、ぱっと見て他人から分からない個性でもそれは個性なんじゃないかなって私は思います。

生徒Ｂ：その、ぱっと見えない個性の具体例っていうのは。

生徒Ｃ：靴下見て個性的だなって思う人も思わない人もいるけど、誰しもが個性的だと思うわけじゃないから、他人から評価されない個性もあるんじゃないかなって。

男子生徒Ａ・Ｂのやりとりに、女子生徒Ｃが割って入り、個性を他人の評価と関連づけようとする見解に対する違和感を懸命に表現しています。その違和感には一定以上の説得力があると私は感じました。実は「個性は大切か」という問いは生徒Cが出したもの。この回以前の三回では多くを語るタイプではなかった彼女は、この回では今紹介した箇所以外でも原宿と池袋の流行の違いなど自らの知る具体例をふまえて語り、周りの質問に答えるなかで必死に考えていました。そして生徒Cが懸命に表現しようとした違和感は、次に見る生徒の言葉のなかにうまくつながり反映されているように思います。

2 「個性を表現する勇気」―対話が深まるとき―

哲学対話には、ある一つの発言で教室の雰囲気や対話の流れがさっと変わり、対話がさらに深まっていく節目があります。

今回の対話では、

生徒D：ファッションに限らずたとえば考え方や個性を表現するっていうのはある種の勇気が必要だと思う。

と述べた生徒Dの発言が対話の深まりに向けた一つのポイントになりました。彼女は、個性には周りの人と違うというある種の「孤独」や、人から注目を集めることへの「恐怖感」がある、と言います。だから彼女からすれば個性を表現する、ということには「個性を他人に見せる努力とそれへの勇気」が必要なのです。

個性を表現する努力と勇気。このような言い回し自体はもしかするとよく聞くものかもしれませんが、これが哲学対話での生徒たちの真剣な思索の中から生まれてきたものとなるとその重みは全く異なってきます。哲学対話が深まりを見せるとき、それは生徒たち自身および教員との信頼関係、哲学の問いそのもののもつ力、ある生徒の実感のこもった発言など、様々な要素が絡み合って生まれた、非常に貴重な瞬間であり、このような、二度同じ事は起きない瞬間をともに味わえることが、哲学対話の大きな醍醐味であると思います。

3 「個性」と「個性的」―暗黙の前提を明らかにすること―

さて、対話は生徒Dの発言を受けて

生徒E：自分から表現しようとするものと、特に本人は考えてなくても個性的だって評価されるもの、二つの個性があるのかな。

という疑問をめぐってさらに次のように展開しました。

生徒F：さっき言われてたような、人とは変わったことが個性と捉えられるのが僕はおかしいと思っていて。例えば僕が今着ている服だってどこにでもあると思うんですけど、僕はこれがいいと思ったから着ているわけで、ありふれてたって、それも一つの個性なんじゃないかなって思います。

生徒G：さっきから考えてたけど全然まとまってなくて。海外のミュージシャンが個性的なドレスを着ていたけど、そういうオリジナルで作ったものは個性なのか。世界に一つしかなくて自分で作ったものとすでに作った既製品を身につけているのと、その個性の違い、そこはどういう風に分ければいいのか、と思ってて。

生徒E：話聞いてて思ったのは、個性的と個性って若干違うのかなって。個性的って言うのはやっぱり人と違うこと。例えば、もしその人がドレスを好んで着たら、その人の個性になるけど、別にそうじゃなくただ単に衣裳として着たなら個性的なファッションってだけであって、その人の個性かって言われると違う。個性っていうのはその人が自分で好んで着るとか、こういう自分でありたいと思ってやることで、私は自分が好きな自分でありたい、その思いから発生するもの。

生徒Eの発言は、それまで二種類の個性だと思われていたものが「個性的」と「個性」という言葉の意味の違いに由来しているのでは、と、対話が暗黙のうちに前提していたことを明らかにするものでした。単に他人と違うことは「個性的」であるにすぎず、そこに自身のこうありたいという思いが加わって始めて「個性」と呼ぶに値するものになるのではないか。大人顔負けのとても刺激的な議論ではないでしょうか。

哲学対話では「わからなかった」ことが「わかる」ことは目指しません。むしろ「わかる」と思われていたことが、問いのより根本的な前提が明らかになることを通して、実はよく「わかっていなかった」のだと気づくこと、この体験を大切にします。なにも進んでいないし、むしろ後退しているようにも見えます。ですが、一周してもとの問いに帰ってきたときの視点からは、きっとより遠くが見渡せるはずです。高校生たちも感想のなかで哲学対話を「新たな視点や観点を与えてくれたもの」「生きている意味をもう一度考える場」「当たり前として考えていることについて考えてみること」などと表現してくれました。どれもこの実践の大切な部分を言い当てていると思います。

◆子どもたちに自ら考える勇気を―カントとともに―

ですが、今なぜ改めて、みんなで、教室で、じっくりと考える場が必要なのでしょうか。この点を最後に少しだけ、カントの言葉を手掛かりに考えたいと思います。

カントは『啓蒙とは何か』の冒頭部の有名な一節のなかで、同時代の人々に強く呼びかけます。「自分自身の悟性を用いる勇気をもて!」[1]と。「悟性」とは聞き慣れない言葉ですが、ここでは私たちが何かを「感じる」のではなくて自発的に何かを「考える」ときに働く能力（「知性」と呼んでも言いようなもの）のことだと考えてください。つまりかいつまんで言えばカントはここで「恐れるな!自ら考える勇気をもて!」と訴えています。このメッセージをカントはすでに身体的には「大人」である人たちの中に多くいる、まだ精神的にはだれかの助けを借りてしか考えることのできない「未成年状態」にある人たちに向けました。

「子どもの哲学」では、文字通り子どもを対象にするため、カントが大人たちへ啓蒙を訴えた状況とは異なりますし、カントは子どもが自分で考えることができるとは思いもしなかったでしょう。ですが、私はこのカントの警鐘は、根本では哲学対話とその理念を共有すると考えます。

現代でも、大人は本当には自分自身で考えられていない、そう思わずにはいられない出来事が頻繁にあります。子どもですら、親や教師の強い願望や要求、刺激的なメディア、友人をはじめとする複雑な人間関係など多くの文脈の中に絶えず置かれていて、常識や世間の評価の目を気にせずに自分で考え自分の個性を表現することに恐れや不安を抱いている ように見えます。あるいは、そのような文脈に気づかぬうちに巻き込まれている分、子どもにとって外部から一旦自分を切り離して自身の言葉で考えることは、時には大人以上に困難なことであるとさえ言えるかもしれません。ですがカントが、そして高校生が語ったように自分自身で考えることはとても勇気のいることです。そんなとき哲学対話は安心して自由に楽しく考える場を提供することで、子どもたちが「自由に自分たちで考えてもいいんだ！」と思う勇気をもてるよう背中を押してくれるはずです。その意味で、きっと今、哲学は子どもたちにこそ必要なのです。

（小川泰治）

第4章 現代社会をどう生きるか

高校を卒業すればどこかの会社の正社員になって、結婚して子供を育て、定年まで働けば年金で静かな老後を送ることができる。そういう一生が普通だった時代を、今の若い人はもう知りません。将来を見据えて、どう生きていくのかを考えることは、型どおりにできることではありません。

以前は国際交流という言葉にはちょっと気取った響きがありましたが、今は身の回りに外国の物や人が当たり前に行き交います。情報化社会の在り方を考える間もなく、ポケットの中のスマートフォンが、いつでもどこでも生活情報をもたらし、コミュニケーションを支えるようになりました。二〇世紀に作られた近未来ＳＦ映画を観ると、当時の想像を超えた様々なガジェットが実現していることには驚かされます。しかし、人間社会の姿としては、混沌を描いた作品のイメージが近いように感じてしまいます。

「倫理」は、現代社会の在り方やそこでの生き方を考える手掛かりになろうとしています。

《エリクソン》アイデンティティの獲得

アイデンティティという言葉は、流行語のようにもてはやされた時期もありましたが、その後かなり批判にさらされてきました。しかしそれで死語となることはなく、今でもたとえば若い人が作る歌詞にときおり使われていたりもします。青年期に、自分の将来を考えるときのキーワードとして、これからも生き続けるでしょう。

◆青年と青年期

「倫理」の教科書には「青年期」という単元があります。しかし、目の前にいる高校生、すなわちまぎれもない「青年」に向かって、青年期を過ぎた者が「青年とはこういうものだ」と講釈することに居心地の悪さを感じるのです。そこで、「人間の一生にはさまざまな場面がある。そのなかで、青年期は特徴的な時期である」と、全体像を見据えた上で青年期を取り上げることにしています。そもそも、この単元で重要な人物として取り上げられているエリクソンは、人間の生涯にわたる発達をテーマにした思想家ですから、青年期だけに焦点を当てるのは、まさに「木を見て森を見ず」ということになります。このような視点からエリクソンについてご紹介したいと思います。

老年期 Ⅷ								統合性 対 絶望
壮年期 Ⅶ							世代性 対 停滞	
成人期 Ⅵ						親密性 対 孤立		
青年期 Ⅴ					同一性 対 同一性混乱			
学童期 Ⅳ				勤勉性 対 劣等感				
遊戯期 Ⅲ			自主性 対 罪悪感					
幼児期 Ⅱ		自律性 対 恥、疑惑						
乳児期 Ⅰ	基本的信頼 対 基本的不信							
	1	2	3	4	5	6	7	8

E.H. エリクソン／J.M. エリクソン『ライフサイクル、その完結〈増補版〉』（村瀬孝雄・近藤邦夫訳　2001年）より作成。一部訳語を改めた部分がある。

◆ライフサイクルと発達課題

エリクソンは一九〇二年にドイツで生まれ、オーストリアでアンナ・フロイト（精神分析の創始者として有名なジクムント・フロイトの娘）に師事して精神分析家となりました。ユダヤ系であったことから、のちにアメリカに渡り、カリフォルニア大学バークレー校で大学教授となりました。

エリクソンは、人間の誕生から死までの過程を「ライフサイクル」ととらえ、そこに八つの段階を見いだして、心理・社会的な発達を分析しています。それらをまとめたのが図の「漸成図式」であり、各々を簡潔に説明すると以下のようになります。

○**乳児期**（基本的信頼ｖｓ基本的不信）　誕生から一歳半くらいまでの時期で、主たる養育者との間に基本的な信頼を構築します。

○**幼児期**（自律性ｖｓ恥、疑惑）　三〜四歳くらいまでの時期で、歩いたり話したりなど、できることが増えるとともに、しつけによって「してはいけないこと」が示され、両者の折り合いをつけることが要求されます。

○**遊戯期**（自主性ｖｓ罪悪感）　六歳ころまでの時期で、自分の意志がはっきりしてくるとともに、しつけられた社会規範は自分の価値観として内面化していき、両者のバランスをとりながら積極的に行動できるようになります。

○**学童期**（勤勉性ｖｓ劣等感）　小学生の時期ととらえられます。養育者から離れ、同世代の友人や教師との関わりが主になるなかで、がんばることによって自身の有能感を感じることができるようになります。

○**青年期**（同一性ｖｓ同一性混乱）　中学生から二十代前半くらいまでととらえられるでしょうか。自分は何者であるか、何をやりたいのか、どのように生きていくかなどを問い、自己同一性（＝アイデンティティ）を構築しようとします。

○**成人期**（親密性ｖｓ孤立）　社会人となり、恋愛をして結婚するくらいの時期があてはまります。この時期には、他者、とくに人生をともにするパートナーとの親密性を築きます。

○**壮年期**（世代性ｖｓ停滞）　親として子どもを生み育てる時期です。この時期には、自分の子どもの養育に加えて、仕事の上では部下や後輩を育てるという責任を負います。「世代性」と訳されている「ジェネラティビティ」はエリクソンによる造語です。
○**老年期**（統合性ｖｓ絶望）　子育てを終え、仕事をリタイアしたあとの時期です。自分自身のかけがえのない人生を統合的に意味づける段階です。

◆漸成図式を解釈する

エリクソンは、それぞれの段階の課題を二項対立の形式で示しています。「課題」というと、テレビゲームで特定の敵を倒さないと先に進めないという具合に、「達成しなければ次に進めないもの」を思い起こしがちですが、エリクソンの示している発達課題は必ずしもそうではありません。ここに挙げられている発達課題は、「うまくいっている状態」と、それに対置されている「うまくいかない状態」がせめぎあい、「うまくいっている状態」が優勢であれば安定している、というものです。例えば、乳児期には養育者に抱かれたり、食事を与えられたりすることによって「信頼」がめばえるわけですが、たまたま乳児が泣いていることに養育者が気づかないような状況があれば、乳児のなかには「不信」が生じると考えられます。総合的に「信頼」が優勢であれば乳児は安定するわけで、「母親が抱くと落ち着いているが、他の人が抱くと泣き出す」というのは、母親に対しての信頼が安定的なものになったと見ることができるのです。

また、ある段階の発達課題が安定的であることは、以降のステージで課題に向き合う際の前提となります。例えば、幼児期の子どもに対して養育者は、ときにしつけのために毅然とした態度で臨む必要があります。それでも子どもが言いつけを守り、養育者から離れようとしないのは、乳児期に育んだ基本的信頼がそこにあるからでしょう。

さらに、これらの課題は、ひとたび達成したら二度と向き合わないというものでもありません。例えば、幼児期から遊戯期くらいの子どもが、一度やめた指しゃぶりを、弟や妹の誕生とともに再開するという事例は少なくありません。一般に「退行」といわれるこうした行動も、エリクソンの図式をもとにすれば、不安定になった養育者との基本的信頼を再獲得するための行動として了解することができるでしょう。

エリクソンの漸成図式を見て、「ずいぶん空欄の多い表だな」と感じる方も多いことと思います。しかし、たんに各段階の発達課題を示すだけでなく、それぞれの課題はそれぞれの時期に顕著になるものであり、別の段階に影響したり、別の段階で表れたりすることがある、という含みが、表中の空欄にあると言えるでしょう。

◆アイデンティティに向き合うとき

さて、エリクソンは青年期の課題を identity vs. identity confusion としました。表中では

「アイデンティティ」と訳されていますが、ここでは訳さずに「アイデンティティ」と表記しようと思います。アイデンティティがなんであるかを一言で答えるのは難しいものですが、およそどのようなものであるかを確認するべく、こんな状況を考えてみましょう。

ある人物は、明るく冗談が好きで、周囲の笑いを誘っています。ここで、この人物がそんな自分にとくに疑いを持っていなければ、アイデンティティは安定しているとみることができます。しかし、この人物が周囲の期待に応えようとして無理にはしゃいでいるならば、アイデンティティの混乱を抱えていると言えそうです。

ここで着目したいのは、アイデンティティには「自分はこういう存在だという意識・感覚」と「それを他者に承認されているという意識・感覚」という二つの側面があるということです。自分について向き合うとともに、他人の視点を想定して自分を客観視することが必要です。

青年期は、身体的に大きく成長し、男女の差が顕著に表れてくる時期です。これが、自分と他人との違いを意識させ、また異性への興味や関心を高めます。エリクソンが青年期をアイデンティティに向き合う時期ととらえたことも、これと切り離せません。

先に述べた解釈のしかたに照らせば、青年期は身体的な変化を契機として「自分とは何者であるのか」という問いに向き合いはじめる時期であり、その問いに対して「明確な答え」が出なくとも「ひとまずの安定」をもって、成人期に移行していくわけです。

そして、青年期を過ぎて、ふたたび「身体的な変化を契機として自分に向き合う」時期があります。それは壮年期です。エリクソンによれば、壮年期には次世代の育成が課題となっていますが、この時期を四十代ないし五十代と想定すれば、自分の親世代の介護が大きな関心事である場合も少なくありません。「世代性」は、「次世代を育てる」ことにとどまらない「異世代の世話」を視野に入れてとらえるべきでしょう。同時に、体力の衰えなど、自分自身の身体的な変化に直面する時期でもあります。こうしたことから、「アイデンティティの混乱」を経験する人は少なくありません。青年期についても言えることですが、そうした葛藤を抱えやすい時期であることを、一般論として知っておくことが重要なのではないかと思います。アイデンティティの混乱を経験したとき、その一般論が、自分だけが思い悩んでいるのではないかとか、弱みを見せるのはなさけないのではないかとか、そういう周辺のなやみを軽くしてくれる可能性を持っているからです。

◆「森を見る」ことの意義

エリクソンの漸成図式は、全体を見通してこそ意義のあるものだと思います。青年に青年期を説くだけでなく、壮年期を視野に入れることで、ひょっとすると彼／彼女らの親世代に対する見方が変わるかもしれません。また、彼／彼女らが親になったとき、自分の子どもの成長段階とその発達課題を参照することも有意義なことと思われます。

もちろん、漸成図式は「かくあるべし」と強制を強いるものではありませんし、この図式に対して批判的な指摘もあります。しかし、人間の生涯を概観し、そこで向き合うべき課題を知ることで、生きていく上でのヒントを得ることができるように思うのです。

（石塚健大）

《リースマン》「他人指向」の時代に

「他人指向」という言葉を聞くと、どんな意味か、想像がつくのではないでしょうか。他人の顔色をうかがい、空気を読もうとし、周りに気を使う人のことではないか、と。行動面の特徴から言えばその通りで、日本人にはなじみ深い性格の特徴と思われるかもしれませんが、この言葉を使ったのは、六〇年以上昔のアメリカの社会学者リースマンでした。

◆最も身近な古典、『孤独な群集』

高校「倫理」の教科書に登場するたくさんの書物を紐解いてみると、少なくともはじめて読むときには、そこに書かれた文章の大部分が意味不明です。それでも、「何が言いたいかわからないけど、何か大切なことを語っているに違いない」という直感（思い込み？）がはたらいてしまうのが古典のすごいところ。そう思って読書百遍と付き合っていくうちに、いくつかの文章が自分の考えや問題意識と重なってきて、ときには「これは自分に向けて書かれているのでは」とまで感じられ、読書が俄然おもしろくなってくるのです。

そんな高校「倫理」古典の中でも、最も多くの人が、「いま自分に向けて語られている」ように感じる書物がリースマンの『孤独な群集』ではないかと思います。実際この本は、分厚い（翻訳は二分冊）学術書であるにもかかわらず、一九五〇年の出版から二〇年ほどで売り上げ百万部を超えるベストセラーになりました。とりわけ、彼が描写する「他人指向」という人間像には、私たちに自らの日常や現代社会のあり方を反省させずにはおかないリアリティがあります。

◆「他人指向」とは何か

「ひとがじぶんをどうみているのか、をこんなにも気にした時代はかつてなかった」[1)]とリースマンはいいます。こう聞くと、いやそんなことはないだろう、いつの時代だって人の目は気になるし、むしろ昔の方が「世間」の目が厳しかったはずだ、と思われるかもしれません。どういうことでしょうか。

『孤独な群衆』で論じられているのは、ある集団が共通の生活習慣や経験・記憶によって形成する「社会的性格」です。そもそも、そんなものがあるといえるのでしょうか。これはきちんと統計的に調査しないと確かめられませんが、「国民性」や「県民性」という概念が広く受け入れられていることをふまえると、少なくともわたしたちの生活実感の中には、社会集団がもつ性格のようなものがたしかにあると言ってよいでしょう。

リースマンは「同調性の様式」、つまり人が何に従って自らの考え方・生き方を決めているか、という観点から三つの社会的性格を提示しています。

まず「伝統指向型」。家族・氏族中心の農業社会の中で、人々は伝統（先祖代々の慣習や儀礼）に従い、「恥をかくことへのおそれ」から行動を律します。少し極端な気もしますが、日本では「ムラ社会」をイメージするとわかりやすいのかもしれません。

次に「内部指向型」。西洋史でいうルネサンス、宗教改革、市民革命、産業革命にあたる変動を経て工業化社会がやってきます。この段階では、人々は稼ぎのよい職を求め、生まれ育った農村を去って都市に流入して労働者となっていきます。彼らは、もはや従うべき伝統が周囲にない環境でただ一人身を立てていくわけですが、生き方の指針を失ってはいません。幼い頃に親や先生などの権威が示した「一般的な目標」のセットが内面化され、それらが「ジャイロスコープ（羅針盤）」として作動しながら、人生の荒波にもまれる彼らをいつも一定の方向に導くのです。彼らにとって、その場の気分や他人の声に流されて内面の羅針盤が示す針路から外れることは「罪の感覚」を生むものです。

「他人指向型」という性格は、これに続く脱工業化社会、具体的にはサービス業など対人・情報関係の仕事の重要度が増した社会において顕著になってきます。もちろん、他人の目・世間の目を気にして周囲に合わせようとする、という心性はいつの時代でも常識ある大人がもっていたものでしょう。「他人指向型」が特徴的なのは、「伝統」のような一定の言動や判断基準（規範）を練習して身につけるのではなく、「他人の行為や願望にたいしてのおどろくべき感受性」を「レーダー」のようにはたらかせ、他人の期待や好みに敏感であり続けることです。しかも、ここでいう他人とは、生き方のお手本をブレずに示してくれる年長者などではなく、移り気な同時代の身近な他者（友人など）やマスメディアです。つまり、自分が何を語り、どうふるまえばよいのか、正解はあらかじめ決まっていないのです。現代的には「空気を読む」とでもいえばいいでしょうか、このような状態が過剰になってくると、人々は自分のレーダーが本当に他人の期待や好みをキャッチできているのか、つねにもやもやした不安に駆られながら生きることになります。

◆ネット時代の「他人指向」

現代の社会学研究としてみると、この本には大きな弱点があることは否めません。データの裏付けもなく、ある時代・社会のもつ性格を一般化してしまうというのは、あまりに飛躍した、粗雑な議論といわれてもしかたないでしょう。だいたい、「昔の人々はこうだった（が、今はこうなってしまった）」という類の話は、論者の主観（多くはノスタルジー）が入り込みがちで、実証は容易ではありません。この点はリースマン自身も認めています。

しかし、手法が古びてしまっても、時代や地域を超えて、人々の思考に新たな示唆を与え続けるのが古典というものです。リースマン自身は、『孤独な群衆』を「別世界の物語」として読んでほしい、と書いています。つまり、この分析は現代の日本にあてはまるだろうか、などとあまり考えないでくれ、と。にもかかわらず、この本を読んでいると「他人指向」という切り口で私たちが生きる現実を理解してみたい、という誘惑を避けられません。インターネットの普及によって、他人とのつながりのあり方が変容しつつある現代においてはなおさらです。

たとえば、リースマンは次のように書いています。

こどもはじぶんじしんのおかれた位置とじぶんじしんについての評価をじぶんの力によってではなく、じぶんのつきあっている仲間たちからあたえられるのだ。（中略）そこでは他人から認められるということが、その内容とはいっさいかかわりなしに、ほとんど唯一絶対な善と同義になってくる。[2)]

「内部指向」的な人間は、自己評価や価値判断の尺度を自己の内面にもっています。だから、失敗や悪い事をしたときに、その最大の批判者となるのは自分自身です。このことが他人による批判から自己を防衛するはたらきをしていた、とリースマンはいいます。そのような内的尺度をもたず、他人が認めてくれることでのみ自分自身の位置を確立できるのが「他人指向」です。この概念を使うと、近年たびたびニュースになる、若者がSNSで迷惑行為・違法行為を自ら晒す現象をよく理解できる気がしないでしょうか。つまり、投稿者にとっては、自分にとって身近な他人が面白がってくれる、喜んでくれる、「いいね！」と承認してくれることならば、その内容とはかかわりなく、主観的には善いことなのです。

リースマンは、他人からの承認を得るための条件として、「他人の趣味をたえずかぎわける能力」に注目しています。これに補足して考えてみると、私たちにとって、他人指向の「レーダー」をはたらかせるべき対象は「他人の趣味」にとどまりません。「他人の心情をたえずかぎわけ、気遣い、軋轢《あつれき》のない関係を維持する能力」もとても重要になっているといえそうです。

具体的に考えてみましょう。ケータイの普及に続き、二〇〇〇年代後半からは、ブログやSNSなど、ネット空間で「他人とつながる」ためのサービスが次々登場しました。これらは人間関係を広げ、深めるためにとても有効なツールです。しかし、その反面、「いつでも、どこでも、誰かとつながる」という性質が、他人との関係を過剰に濃く、重いものにしてしまう傾向もみられます。たとえば、誰かが「落ちる（落ち込む）」「ムカつく」などの「荒れた」つぶやきをしたときには、友人たちは直ちにその「信号」を察して、「私はあなたの味方」というリプライをしなくてはならないと感じます。もし、そのリプライへの返事が直ちに返ってこなければ、「何か気に障ることをしてしまったか」「もしかして、批判されているのは自分ではないか」と、次々にもやもやした不安が湧いてきます。学校や職場など特定の時間・空間を超えて、自室でリラックスしているときにも、他人の心情を注視して気遣いや優しさをみせる。ネット時代の「他人指向」は、リースマンが論じた以上に高度に、複雑に、そして人を疲れさせるものなのかもしれません。あるいは、ネットという全世界とつながりうるツールを媒介に、むしろ「他人」の範囲が狭まり、その中での関係性が濃密化している、という見方もできるでしょう。

少々筆が滑りました。『孤独な群衆』の話に戻すと、この本の醍醐味は、リースマンが「他人指向」という切り口で具体的な人間の姿を生き生きと描写している部分にあります。子どもの友だち関係、教育のあり方、親子関係、職場の人間関係、政治のあり方など、日常生活の様々な場面に対する鋭い洞察が生む圧倒的なリアリティこそ、この本が多くの読者に読まれ続けている理由なのでしょう。

◆「他人指向」の可能性

『孤独な群衆』出版当時から、「他人指向」という切り口は、他人を気にしてばかりで確固たる自己をもたない人々への批判、と受け取られがちでした。さながら現代の「ゆとり世代」批判のように、大昔から繰り返されてきた「最近の若いもんは…」論や「現代の病理」論と実に相性がよかったのです。

しかし、「他人指向」がこのように用いられるのはリースマンの意図するところではありませんでした。むしろ彼は、前時代の狂信的・排外的な態度を克服するものとして、他人指向型人間のもつ思いやり・協調性・寛容さを肯定的にとらえていた面があります。そのうえで、この本の末尾では、「他人指向」という時代の支配的な性格に同調する能力をもちながらも、適度に距離を置いて生きる自律した人間の可能性が模索されています。

もしも、他人指向的な人間がじぶんがいかに不必要な仕事をしているか、そして、じぶんじしんの考えだの、生活だのというのがそれじしん他人たちのそれとおなじようにじつに興味深いものであるということを発見するならば、かれらはもはや群衆のなかの孤独を仲間集団に頼らないでもすむようになるであろう。（中略）じっさいのところ、人間はそれぞれちがったようにつくられているのである。それなのに、おたがいがおなじようになろうとして社会的な自由と個人的な自律性をうしなってしまっているのだ。[3)]

身近な他者や社会にうまく同調する力をもち、他人指向の優れた面を活かしながらも、それにとどまらない自由で自律した生き方をすること。その可能性について、残念ながら、リースマンはあまり明解に語れていません。「他人指向」の時代にいかに自律して生きるか、この問いは私たち自身が自らの社会生活の歩みとともに模索していくべきものでしょう。

（山本智也）

《和辻哲郎》風土論を読みなおす

和辻哲郎は、日本の学界に倫理学を根付かせた人物ですが、専門研究以外にも、幅広い関心から生まれた『古寺巡礼』などの著作は、教養書として愛読されました。『風土』は教科書によく取り上げられますが、風土の三類型だけが知識として独り歩きしがちです。和辻のねらいや思いがどこにあるのか、丁寧に読んでみましょう。

◆倫理学者の書いた風土論

日本倫理学の祖とも言うべき和辻哲郎の著書『風土』は、戦後の比較文化研究に大きな契機を与えたことで知られています。和辻は、「ここに風土と呼ぶのはある土地の気候、気象、地質、地味、地形、景観などの総称である」[1)]といいます。これらの内容は、常識からすれば地理学者が論じるものです。ちなみに戦前では三澤勝衛が地理教育の立場から主として日本国内の風土論を昭和初年から発表し続け、戦後では鈴木秀夫が地理学・気候学の立場から世界全体の風土の構造を論じています。

一方で、和辻はそのプロフィールを見る限り、地理学を本格的に学んだ形跡は見られません。三澤や鈴木がフィールドワークやデータを丹念かつ膨大に積み重ねて風土論を構築していったのに比べ、和辻は昭和二（一九二七）年に、文部省在外研究員としてドイツ渡航をしたときの一年間の経験・知見だけから筆を進めています。それにもかかわらず『風土』の中では、長期滞在したドイツをはじめとするヨーロッパの記述が充実していることはさておいても、船で通っただけの他の地域についても詳細な地域分析が出来ていることには驚きを感じざるを得ません。それも地理学的な目を養うように訓練された人間でもない和辻が、卓越した観察眼と分析力を持っていたことは特筆すべきでしょう。

その後のスピードについても驚きです。帰国してすぐの昭和三（一九二八）年九月から翌年二月にかけて京都帝国大学で実施した講義の草稿が『風土』なのです。そのうちの一部は早くも昭和四（一九二九）年四月の段階で雑誌「思想」に発表を始めているのです。

◆倫理学者がなぜ風土論を書いたのか

和辻は、風土論を書いたきっかけについて以下のように書いています。

自分が風土性の問題を考えはじめたのは、一九二七年の初夏、ベルリンにおいてハイデッガーの『有と時間』を読んだ時である。人の存在の構造を時間性として把捉する試みは、自分にとって非常に興味深いものであった。2)

『有と時間』とは、現代では『存在と時間』と訳されることが一般的なハイデガー（近年はハイデッガーよりもこの表記の方が増えています）の主著です。つまり和辻が渡航中の一九二七年に発表されたわけですが、偶然その書を和辻が手にとることがなければ、あるいは帰国時期が早かったら、名著『風土』も生まれなかったかもしれないのです。和辻を惹きつけたハイデガー『存在と時間』ですが、タイトルを見ても中身を読んでも風土論には無関係なように思われます。なぜこの論が和辻に『風土』を書かせることになったのでしょうか。これも和辻自身が述べています。

時間性がかく主体的存在構造として活かされたときに、なぜ同時に空間性が、同じく根源的な存在構造として、活かされて来ないのか、それが自分には問題であった。[3)]

ハイデガーが指摘した人間存在を理解する上での時間性すなわち歴史性を分析していく中で、和辻はハイデガーの指摘しなかった空間性すなわち風土性の重要性に気づきました。そして文芸、美術、宗教、風習などあらゆる人間生活が風土によって変化すると考えました。そのためにまず各地域の風土の現象を明らかにしようとしたのです。それが有名な「三つの類型」です。

◆和辻の渡航体験と三つの類型

和辻の掲げた風土の三類型とは、「モンスーン型」、「沙漠型」、「牧場型」でした。ここでは、和辻自身の渡航体験から導き出された部分に焦点を当てて、三類型を見ていきます。

第一に「モンスーン」とはアラビア語を語源とする季節風のことで、狭義ではインド洋の夏に南西から吹く高温湿潤風と、冬に北東から吹く低温乾燥風を意味しますが、和辻の渡航した昭和初期には、東アジアの日本や中国も風向の差はあれ、同様のモンスーン域にあると認識されていました。和辻はインド洋における船中での体験から、モンスーンの時期にはあまりの湿気のため、いかに暑くても窓を開くことが出来ないことを指摘します。暑さ、寒さには対抗出来る手段があるが、湿気すなわち「湿潤」は防ぎがたく、しばしば大雨、暴風、洪水などの「自然の暴威」として襲いかかるため、人間の内部に「自然への対抗」を呼びさまさず、モンスーン域では「受容的忍従的な人間」となるというのです。

第二に「沙漠」の体験としてはアラビア半島のアデン港の例が挙げられています。アデンは現在イエメンの第二の都市、南北統一以前の南イエメンの首都だった都市です。和辻はアデン港を遠くから眺めたとき、陸地は大変標高が低くて細い茶褐色の水平線のように見えたといいます。その線の途中に白いカモメのように四角な建物群が日光に輝き、「生命なき自然の中に人間のものが浮かんで」いたと指摘します。そこから和辻は、沙漠域では自然に対して「対抗的戦闘的な人間」となると分析したのです。

但し、和辻はエジプトで「ニル河」つまりナイル川で潤された地に接し、沙漠への対抗とナイル川への帰依という「乾燥と湿潤の二重性格を持つ」例外と分析もしています。

第三の「牧場」の語については、和辻自身が言うように正確な訳語とは言えないものの便宜的に用いたようです。和辻は船で地中海に入りイタリア南端で、インドでもエジプトでも体験できなかった種類の「緑」に接します。山の中腹で平地同様に、麦や牧草が生い茂り、羊がこれを食している姿を見たのです。このとき一緒に乗船していた京都帝国大学農学部の大槻教授から「ヨーロッパには雑草がない」と聞かされ、そこからヨーロッパの風土特性をつかみ始めたと言います。そして地中海付近の「南欧」とドイツをはじめとする「西欧」では若干の差はあっても、「乾燥と湿潤の総合」が見られるとしました。そこでは自然が人間に対して従順的で、日本のような雑草との戦い、つまり自然との戦いから解放され、「自然への支配を自覚した合理的な人間」となると分析しました。それがヨーロッパで人間中心主義を生み、創造力を生み、知識欲による理性の発展や創作欲による芸術の発展をもたらしたというのです。

◆実は三つの類型で終わっていなかった和辻哲郎の風土論

事典類、高校や大学で使われるテキストには「和辻の論じた風土は三類型」と書かれています。もちろん昭和十（一九三五）年に刊行された単行本で見ても、三類型で変わることはありません。しかし昭和二四（一九四九）年改訂版に示された「あとがき」の中で、和辻は「この書以後に到達した風土学的な考えについては、近刊『倫理学』下巻を参照されたい。そこではこの書の第一章に述べたプランを幾分体系的に展開してみたのである。」[4]と自ら書き記しているのです。ここでは和辻のもう一つの主著『倫理学』における風土論も眺めてみることにしましょう。

かつて拙著『風土』において風土の類型をモンスーン、沙漠、牧場の三つとして掲げたときには、眼中にあったのはシナ及びインドの東洋的国土と、イスラム的国土と、ヨーロッパ的国土とのみであった。（中略）しかしそのときには二つのことが閑却されていた。一つは黒海から太平洋までの広大なアジア大陸を一つの国土たらしめたあの蒙古帝国の存在である。（中略）かつては蒙古帝国の領土であったロシアのステッペを含めて、この広漠大なるステッペの国土を一つの風土と考えるべきことは当然であると思われる。もう一つはヨーロッパ人の地理的発見の事業の重大な意義である。（中略）この仕事はヨーロッパ的限定をのりこえて新しい風土性を創造することなくしてはなされ得なかったのである。（中略）従ってアメリカもまた一つの風土の類型として、他の風土との連関において理解せられなくてはならない。[5]

つまり和辻は、戦前の三類型に加えて、戦後段階ではステッペ型とアメリカ型を加えて、合計で「五類型」と分類し直していたのです。

第四の「ステッペ」とは、乾燥地域における草原地帯のことを指し、極めて乏しい自然を広さで補う均質的な風土だとしました。そこでは単調な広い土地に対応した「忍従的辛抱強さ」と「能動的に動く」ことが必要で、それらを合わせ、単純な敵対的能動性でない「受け身の退却によって勝つ」ような「融和的戦闘的性格を持つ人間」を生むと分析しました。

第五の「アメリカ型」では、東岸にモンスーン域の荒々しい気候を持つ地域であるもののヨーロッパ人の自発的で合理的な性格で、森林を焼き払ったり長距離移動したり、機械を使ったりして開拓することによって自然を克服し、自分自身の風土的性格を変えていったというのです。その結果、新しい土地を征服しつつもその土地に順応する、「自発的合理的に、かつ対抗的戦闘的にではあるが受容的でもある人間」となるとしたのです。和辻はこれをまとめて「アメリカへ移住した自発的合理的人間は、モンスーン的及び沙漠的性格を獲得することによって、アメリカ的人間となった」[6]と述べています。

◆ハイデガーとの意外な共通性

ここで再び、和辻風土論の原点に戻ってみましょう。和辻風土論の始まりはドイツ滞在中に手にしたハイデガーの『存在と時間』でした。このハイデガーと和辻には、不思議とも思える意外な共通性がありました。

まず第一に、和辻とハイデガーは一八八九（明治二二）年と、奇しくも同じ年の生まれでした。和辻の所属していた京都帝国大学では、和辻の渡欧前、既に若手哲学者ハイデガーの名は知られていたという説もあります。だとしたら、和辻がハイデガーの書に触れたことは偶然ではなく、必然であったのかもしれません。第二は、和辻もハイデガーも思想的系譜としてキルケゴールやニーチェの影響を受けていたという点です。底流が一緒だったからこそ、和辻はハイデガーの論に惹かれたのかもしれません。第三は、『存在と時間』も『風土』も完結しないで中断された書物であった点です。和辻の『風土』が「五類型」までたどり着けなかったのと同様に、『存在と時間』は長大に膨れ上がった序論が本論へたどりつく前に中断されたものなのです。初版以来、この本の冒頭には「上巻」の文字がありましたが、ハイデガーは一九五三年の版からこれを削除し、後半を書き次いで完成させることを断念し、新著『形而上学入門』を参照して欲しいとしました。『倫理学』につないだ和辻と酷似していますね。

（坂口克彦）

《新渡戸稲造》武士道と道徳

武士道というと、思いつくのは『葉隠《はがくれ》』や新渡戸稲造《にとべいなぞう》ではないかと思います。これらがそのまま武士の生き方を物語っているかというと、そうではないといわれています。荒々しく戦ってきた武士が、社会的に安定した江戸時代に支配階級としての矜持《きょうじ》を示そうとする中から、今日持たれるようなイメージの武士道が生まれてきたのでしょうか。

◆戦前と戦後の断絶

数年前、神奈川県湯河原町にある重光葵《しげみつまもる》記念館を訪れた時に、ご子息からお話をうかがうことができました。重光葵は、東条内閣で外務大臣を務め、敗戦時には戦艦ミズーリーでの降伏文書調印式に日本全権として臨み、戦後には日本が国連に加盟した際の総会で「日本は東西の架け橋になり得る」と演説した人です。ご高齢のご子息は、今の若者について、国を思う気持ちが足りず、日本人については、誇りがなく、精神の強靭さが足りないと憂い、日本の伝統や文化を見直すべきと話されていました。また、外国人と付き合っていると、終戦後十年間くらいは日本に対して畏れを抱いているのが分かった、それは、特攻機で国のために命を捧げてきたのだからと言います。ご子息の言葉は、まさに戦後の日本の問題点を指摘するものだと感じさせられます。また戦前と戦後の教育はどちらがいいと思うかという質問に対し、戦前の良いところもあれば良くなかったところもあり、良いところは受け継いでいくべきと話されました。話を聴いた後に、改めて感じることは、私たちが見直すべき伝統と受け継ぐべき教育として当てはまるのは、まさに武士道ではないかということです。

明治時代にも日本人の伝統的な道徳心の衰退を心配していた人がいました。大和魂を「武士道」と呼び、明治三二年に『武士道』を米国において英文で発表した、新渡戸稲造です。

◆武士道という言葉は一般的だったのか

ドイツに留学した明治二〇年、新渡戸はベルギーの法学者ラヴレーから、日本には宗教教育がなくてどうして善悪を区別する心が育つのかと尋ねられて、すぐには答えられませんでした。そして数年後に、「遂に自己反省の結果我国民に一種の道心があることに気が付いた、一種特別な道念であって、最も侍の中に行われたから武士道と名を付けて見た」[1]と考えるに至ったと述べています。新渡戸には武士道という明確な言葉が先にあったのではなく、国民の中にある道徳心を言い表すべく武士道という言葉が浮かんだのです。

もっとも、武士道と名付けてみたものの、古い書物を探してみたら、その言葉はすでに使われていたことが分かったそうです。「武士道というは死ぬことと見つけたり」の文句で有名な『葉隠』は、江戸時代の享保元年（一七一六年）に脱稿されましたが異端視されたので、初めて抄本で公刊された時期が明治三九年でした。新渡戸が武士道を執筆する頃にはまだ『葉隠』の「武士道」は一般的ではなかったのです。明治時代の中頃には、武士道精神は受け継がれてはいましたが、日本人の精神を表す言葉としての武士道は一般的ではなかったと考えられます。

◆新渡戸稲造とベルクソン

新渡戸稲造は、国際連盟事務次長を務めていた時に、ベルクソンと親しく交際しました。ベルクソンは国際連盟知的協力委員会（後のユネスコ）会長を務めていたので、会合で顔を会わせる他、ベルクソンのパリの邸宅を訪ねたり、ベルクソンの訪問を新渡戸の宿に受けたりしました。新渡戸は「この世界の第一人者たる同氏と親しく交はつたことは千百の書を読破したより我輩によき教訓となった」[2)]と述べています。たまたま二人になった時に、ジャンヌ・ダルクの奇跡の解釈について話し合ったことがありました。その奇跡はエラン・ヴィタール（生の躍動）によって起こされたのかと問う新渡戸に対し、ベルクソンは「エラン・ヴィタールより一層不可思議なる力の現れとせねばならぬ」[3)]と述べています。

新渡戸とベルクソンの道徳に関する考えは、とても近く感じさせるものがあります。だからこそ二人はとても親しく交際したのではないでしょうか。あるいは交際したからこそ、お互いの思想に影響を及ぼしたのかもしれません。ベルクソンは「道徳には両極があり、それは一つは圧迫、他は熱望だ」と考え、「圧迫のうちには、社会と言ってもひたすら自己保存をしか目指していない社会の表象が内在している。つまりここでは、社会が個々人をもいっしょに引きずってゆく円運動が生じ、それは習慣を媒介として本能の不動性を遠くから模するものである」。「これに反して、熱望の道徳のうちには、暗にある進歩の感じが内包されている。われわれが前に言っておいた情動とは、この前進への集中にほかならない。―まさにこの熱中によってこそ、この道徳が一部の人々に受け入れられ、彼らを通してまた世界中に拡がっていったのである」[4]と述べています。

新渡戸は、武士道についてその萌芽は封建時代の始まりにあり、その根本はフェアプレイの精神であり、仏教から平常心を、神道から忠孝を、儒教から仁を学んで育ち、「武士道の教訓はすべて自己犠牲の精神によって充たされており、それは女子についてのみでなく男子についても要求された」[5]と考えたのでした。その一方で「克己の修養は、ややもすれば度が過ぎ、霊魂の溌剌《はつらつ》とした流れをさえぎることもあるし」、「いかに高尚な徳であっても、その反面があり、にせものがある。われわれは、それぞれの徳において、積極的にそれぞれの長所を認識し、その理想を追求しなければならない」[6]と述べています。

道徳と言うと一定の型にはめられることなどを連想する人がいるかもしれません。ベルクソンによれば道徳には二つがあり、一つは人間が集団の一員として生きていくのに必要で望ましい習慣を身につける道徳であり、もう一つは人類を進化させていく魂の芯から感動するような情熱を持って生を躍動させていく道徳です。守っていく道徳の他に、前進し進化していく道徳があるという意味で、二人の考えは近いのではないでしょうか。現代の日本では、守っていく道徳が道徳そのものであると考え、理想を追求し生を躍動させていく道徳の方を無視している人が多いのではないでしょうか。道徳は、型にはまった古い時代の精神論であり、日本が無謀な戦争に突き進んだ原因のひとつだと考える向きが、連合国による日本の占領政策と相まって広がっていったのが戦後の日本の風潮だったのではないでしょうか。

欠点も抱える武士道が、欠点を克服し長所を伸ばし理想に迫っていったのであれば、そしてそのような武士道が国家の指導者層や軍部、マスメディア、国民の心に沁みわたっていたのなら、先の大戦で大敗北を喫することは避けられた、という可能性があると考えてみることもできるのだと思います。先述の重光葵は、昭和の動乱の原因を振り返って次のように述べています。「日本は、個人も国家も、謙譲なる態度と努力とによってのみ大成するものである、という極めて見易き道理を忘却してしまった。これは、余りにも、日本的でないのであるが、物質文明の滔々たる濁流に流されて、実際寸前の利益感情に捉われ、個人及び国家の永遠の安寧や理想を顧みる良識を欠くに至っていた。これは昭和の動乱の原因でもあり、また動乱を通して見得る不幸な現象であった」[7]。昭和の前期に「日本的でない」心と態度が個人にも国家にも広がっていたと、重光は当時の指導者たちから聞き取って省みたのです。私は「日本的でないもの」が依然として現在でも増長し続けていることを感じずにはいられません。「日本的でない」ものの反対である武士道が現代の日本人に求められていると思うのです。

◆新渡戸にとって最後の武士とは誰だったのか

乃木《のぎ》将軍の最後を顧みて確かに古武士の典型、最後の武士であると思った。[8)]

これは、新渡戸稲造が乃木希典《まれすけ》の殉死について述べたことでした。乃木希典は、乃木坂や乃木神社に名前が遺る、日露戦争で旅順攻囲軍司令官を務めた人です。日露戦争の前の一九〇一年には台湾総督に任じられ、そこで初めて新渡戸稲造に面会しています。日露戦争後は学習院長を務め、その時代には、新渡戸稲造に講演を依頼し実現させています。そして、明治四五年に明治天皇が崩御し、約一月半後の大喪の日に乃木は夫人とともに殉死しました。乃木は、日露戦争の後、明治天皇に多数の将兵を失ったこと等の責任を取り切腹を申し出た時、「強いて死なねばならぬと思うならば、朕が世を去った後にせよ」と言われて、それを忠実に守ったのです。乃木の殉死について、新渡戸は「自殺は容易に賛成すべきものではない、が動機と場合によっては自殺が、唯一の潔い方法であるとも思われる」[9)]と述べています。乃木の殉死については多くの論者の論評がありますが、それは、明治天皇への忠義の表しであり、また国民への命をかけた表現だったことは確かです。私たちはそこから何を学べるのでしょうか。

乃木殉死の前には新渡戸稲造は、切腹や自殺についてどう考えていたのでしょう。『武士道』では「最も醜い死の形式が、最も崇高なものとなり、新しい生命の象徴とさえなるのである」[10]と肯定的と思える見解を出しながら、「私は宗教上からも道徳上からも、自殺の正当性を主張しているのではない」[11]と留保し、「切腹をもって名誉としたことは、おのずからその乱用を生んだ」[12]、「真の武士にとっては、死に急いだり、死におもねたりすることは、卑怯なことだとされていた」[13]と否定されるべき場合があることを述べています。また明治四十四年に公刊された『修養』では、「死は軽い、生は重い。世にはずいぶん死を買いかぶる者もあるが、生きておる間はあくまで生を重んじ、生を全うし、生を利用するに努むべきものと信ずる」[14]として、自殺については否定的な考えを述べています。

◆その後の武士

新渡戸の言う武士道を体現する人は、昭和や平成の現代でも時として見られるのではないでしょうか。新渡戸が「少女は成年に達すれば短刀を与えられ、それによって自分を襲う者の胸を刺し、場合によっては自分の胸を刺すこともあった」[15]と言う時、昭和二〇年八月二〇日にソ連軍が迫る中で起きた樺太真岡《からふとまおか》町の九人の乙女たちが思い出されます[16]。

また、武士道は「正しい信念と忍耐とをもって、あらゆる困難に立ち向かい、耐えるということ」[17]を教えると言う時、死を覚悟して出撃していった多くの特攻隊の人たちや栗林忠道中将以下硫黄島守備隊の将兵たちが思い起こされます。硫黄島の将兵たちは死を覚悟で少しでも長く日本が空襲されないように願いながら食料や水不足に耐え、地下からの地熱に耐え、頭上や海上、地上からの砲爆撃の嵐に耐え続けたのです。将兵の中にはいっそのこと突撃して死んだ方が楽だと思った人も少なくなかったはずです。さらに平成二三年三月一一日の東日本大震災の時にも他人を救助するために命を落とした多くの人たちがいます。

彼ら彼女たちは、凡人がなし得ない愛や勇敢さ、誠実さ、忍耐を私たちに示してくれました。誰もが避けたいはずの死が伴いながらもそのような感情を超える大きな感動を私たちに与えてくれているのではないでしょうか。そのように見なす信念が大切なのではないでしょうか。

生と死、個人と国家、自己と他者などの人間と人生の矛盾、葛藤、二律背反と向き合う精神の総合された形が、新渡戸の言う武士道ではないかと思われるのです。

（伊藤昌彦）

《ニーチェ》ニヒリズムの超克

交響詩『ツァラトゥストラはかく語りき』の冒頭部分は、誰もが聴いたことがあるでしょう。「神は死んだ」という言葉はあまりにも有名で、そう呟いた人を主人公にしたコミックもあります。では実際のところ、彼はこの言葉で何を批判したかったのでしょうか。そして、ツァラトゥストラはどのような生き方を示したのでしょうか。

◆「神は死んだ」

私は、ニーチェの「運命愛」の考え方に最も共感した。私たちは、毎日の生活の中で、どう受け止めれば良いのかわからないことや納得できないことに遭遇したりする度に、その嫌なことから目を背けて闘おうとせず、逆に自分を納得させるために無理矢理意味づけしたり、時には名言や宗教などに頼って慰められようとしてしまう。しかし、彼が言うように、世界には割り切れないことや無意味なものも存在するのだと知り、何があってもこれが自分の運命なんだと受け入れ、次もまた頑張って生きようと考えることができれば、この毎日の生活の一瞬一瞬を大切にし、幸せに生きられると思った。このことを教えてくれたニーチェが、一番好きだ。

一年間の授業を終えて、一番好きな思想家を聞いた時の、一人の高校三年生の感想です。われわれは、自分の人生がそれなりにうまく回っているときは、「何のために生きているのか」「何を信じていけばいいのか」などということは考えません。部活動で補欠になったり、失恋したり、受験がうまくいかなかったりしたときに、この問いがムクムクと頭をもたげてきます。「全ては虚しい。全ては無意味である」。若くエネルギーあふれる高校生の時ほど、多くの人がこの問いに直面するのかもしれません。この問いを問いただすエネルギーを失ったものを、大人と呼ぶのかもしれません。

科学や機械文明の発達は、キリスト教を中心とするヨーロッパの伝統的価値観を崩壊させました。善・悪などの全ての価値観が崩壊し、誰も生の目的を設定することができなくなります。ニヒリズムという言葉は、ラテン語の nihil（無）が語源ですが、ニーチェが特に問題視したのが、力の衰退の表れとしての「受動的ニヒリズム」でした。それは、世界が意味を失ってきていても、日々の日常を平然と生きる当時のヨーロッパの「大衆」のあり方や、刹那的な享楽に流れる退廃的な風潮（デカダンス）として表れました。ニーチェはこのような人々に対し、目を覚まさせるために、「神は死んだ！」と叫んだのです。

神は死んだ！　二度と甦ることはない！　われわれが神を殺《あや》めたのだ！[1)]

高校生たちは、この言葉の意味を、自らへの問いとして真っ直ぐに受け止めようとしています。太宰治が『ヴィヨンの妻』に、「わたしたちは、ただ生きてさえいればいいのよ」と語らせた一九四七年から、村上春樹がデビュー作『風の歌を聴け』で、主人公に一夏中バドワイザーを飲み続けさせピーナッツを食べ続けさせた一九七九年から、大分時間が経ちました。しかしながら、今も若者はニヒリズムと真摯に向き合い続けているというのが、日々高校生と接している私の実感です。

◆キリスト教は奴隷道徳である

ニーチェ自身は、彼自身の生を強く生きることができた人とは言えません。遺伝性の頭痛に悩まされ、大学教授の職を辞さなければなりませんでした。ルー・ザロメという若く聡明な女性との恋は友人との奇妙な三角関係の中に終わりを告げました。

ニーチェは教会の牧師の子として生まれ、様々なキリスト教の教えに接しながら成長してきました。彼が、トリノの路上で鞭打たれる馬の首を抱きしめながら泣き崩れ、意識が戻らなくなったという話は有名です。鞭打たれる馬は、弱者の象徴でしょう、強く生きることが出来なかった彼は、「弱者こそ、救われる」とするキリスト教に対し魅力を感じながらも、ギリギリのところで、その教えを乗り越えていくのです。

ニーチェは、人間にとっての価値（＝善悪）と言われているものが、いかなる条件や事情や目的の下に考え出されたのかを問う自らの学問の方法を「系譜学」と呼びました。「弱き者・貧しき者こそ救われる」と説くキリスト教は、ユダヤ教をもとにしています。それは、ローマ帝国という強者に対して、力では報復できないユダヤ人という弱者が、せめて精神面で報復しようとして生み出したものと考えます。ニーチェは、キリスト教の根底には、迫害された弱者たちの恨み・つらみ・妬み（ルサンチマン ressentiment 怨恨感情）があり、よってそれは、戦士的な勇敢さの欠けている奴隷道徳であり、畜群本能を肯定していると見たのです。羊などの家畜は群れることで、狼などの攻撃から身を守ろうとします。例え何人かの犠牲者が出たとしても群全体が消滅することはないと見越して、狼と闘おうとはしないのです。

◆プラトン主義批判

また、ニーチェは、ヨーロッパの宗教だけではなく道徳も哲学も、そのすべてが本質的にはプラトン主義であると批判しました。プラトン主義とは、現実の外に、身体から分離された精神のみが近づきうる超自然的（形而上学的）原理がある、という考え方です。それはたとえばキリスト教の「神」、プラトンの「イデア」、アリストテレスの「形相（エイドス）」、近代哲学の「理性」などです。そして、それとの関連においてこの自然界のもろもろの存在の意味を理解しようとしてきたのです。

しかし、このような「永遠に変化しない原理」に依存しなければならないのは、千変万化する現実世界に耐えられない弱者です。よって、西洋哲学自体がルサンチマンの産物に過ぎないのです。「神」や「イデア」はわれわれの「生」を否定した転倒した価値基準にすぎません。われわれは、天国という背後世界ではなく、われわれの生きるこの大地に、この現実に新たな価値を創り出さなければならないのです。

西洋哲学（科学主義）の祖とされるソクラテスは、理性を特権化し、知・徳・福の一体化を説きました。科学主義は単なる論理主義であり、論理に論理をかさねることしかできません。その根本にあるものは、論理とは無縁な、生きることには必ず正解があり、人間は理性を用いその答えを知ることができるといった楽観主義です。問答法を用いたソクラテスは、弁証法の祖ともされます。ヘーゲルが完成させた弁証法とは、われわれの生きる大地を遠く離れた精神のみの高みを目指す特殊西洋的な楽観主義なのです。

◆力への意志

強者と弱者は同じように振る舞う。どちらもできるかぎり自分の力を拡大しようとする。2)

ニーチェは、このような見方をキリスト教の系譜学から学び、確信を得ました。キリスト教徒は世界の見方をひっくり返し、弱者である自分たちの視点から世界を見ました。世界とは、それを覗き込む者の視点（パースペクティブ）から見た世界のことであり、「全ては解釈」にすぎないのです。多様で特異な個々の遠近法があり、どの見方も否定される謂われはありません。

わたしが生あるものを見いだしたところ、そこには必ず力への意志（Wille zur Macht）があった。服従し使える者の意志のうちにさえ、支配者になろうとする意志を私は見た。[3)]

私たちの解釈の根底には、自分の力の方が大きくて、相手に強制されている感じがしない自由な状態を良しとする感情があり、より多くの外部を服従させ同化させようとする欲望が横たわっているというのです。ニーチェは、それを「力への意志」と呼びました。

この「力への意志」説を、他の全ての世界解釈を内部に含み込んだ、新たなメタ世界解釈の水準で捉えてしまい、再び形而上学という罠に陥ってしまうことを避けるにはどうしたらよいのでしょうか。

◆ニヒリズムの超克と実存

ニーチェが問題視したニヒリズム（虚無主義）にもう一度戻ってみましょう。ニヒリズムは、「この私の生」（実存）の価値を低く見積もり、そこから超越した価値を目指そうとすることによって生まれます。人間という生き物は、このように現実や実存を否定することからしか物事を理解せず、超越的な道徳や価値を想定しようとする傾向を持っているようです。よって、人類の歴史そのものがニヒリズムの歴史であったということもできます。私たちは、遅ればせながら、そのような価値が無意味であったことに気付いて、「この私の生」を肯定しようというところにきているのです。「この私の生」がどれほど惨めなものであったとしても、これが自分の人生であり、この人生がこのように存在すること自体が、そのままで価値なのです。

◆永劫回帰

ニーチェは、「最後の審判」や「神の国」といった目的から現在を位置づけようとする世界解釈や人生観を否定しようとしました。目的がないということは、生存の全ての瞬間が無意味になるということです。無意味であることは必然なのです。この必然を無意味であるべきだ、私がそれを望んだのだと受け止めるための最大のポイントが、この現実肯定、

「この私の生」の肯定なのです。現実というよりは、生のこの瞬間が、目的のための手段や通過点ではなく、それぞれの瞬間が永遠化され無限の価値を湛えた愛すべきものとして肯定される必要があったのです。たった一つの瞬間でも「これでよし」と肯定され存在するためには、すべての瞬間の連鎖が必要になります。これが永劫回帰の思想です。

◆「幼子」としての超人

この肯定は、意志の力によってなされるものではありません。それは、「この私の生」を、喜びのなか高笑いしながらそれ自体として生きるときに自ずとなされるものなのです。何かをしようという私の意志は、私の意志によって作られたものではありません。意志とは、湧き起こってくる意欲にすぎません。それは起こすものではなく起こることなのです。ニーチェは、このような生き方を「幼子」を例に説明しています。粘土細工で何かを作ろうとして遊ぶ「幼子」は、設計図（＝目的）など持たず、嬌声をあげながら遊びに熱中しているのです。これが、「超人」のイメージです。

（菅野功治）

《リオタール》「大きな物語」の果てに

機能一辺倒ではなく、遊びや装飾に特色を持たせて作られた建築物に使われたポストモダンという言葉を、思想の分野に持ち込んだのがリオタールです。近代＝モダンが合理的で機能的であることをよしとしているとすれば、彼がポストモダンを語った七〇年代の終わりからの三〇年あまり、世の中は、人の生き方は、どう変わってきたのでしょうか。

◆時代が変われば、生徒も変わる

授業で生徒と会話していると、毎年毎年、生徒の価値観が変わってきていることに気がつきます。教室は同じでも生徒は変わり、着実に「現代」は更新されています。社会科全般でいえば、私が生まれた時代の常識だった「冷戦」や「保守と革新」なんていう言葉はもはやイメージすることすら難しいらしく、とても説明しづらいものになってきました。

さらに近年では、何と言っても「大切なモノ」の変容でしょうか。「あなたにとって大切なモノは何ですか」と尋ねてみると、「心」「家族」なんて心温まる答えや「本」なんて答えも返ってくるにはくるのですが、「ケータイ」「スマホ」という答えが多くなりました。これは生徒に限った話ではなく、人々が「車」「洋服」「家」といった物理的な「モノ」よりも「情報」に価値を置くようになったことを意味します。情報そのものに価値を置くようになったため、本やＣＤといった物理的なモノにフェティシズムを抱く人は少なくなり、出版不況も生じています。授業中に電子辞書を使う生徒も増えました。分からない言葉や深く知りたい言葉をその場で電子辞書でピンポイントに引っ張る、実に効率的なやり方です。一方、バラバラに散らばった知をまとめ上げることは苦手になった印象も受けます。そのリサーチ手法はまるでネットの検索エンジンの様で、電脳化と言っても良いでしょうか。速度や効率をより重んじる現代では時間をかけて思考を深化させる知（本や新聞といったアナログなメディアが得意とするものでした）よりも、パソコンのように瞬時に眼前の問題をデジタル処理する知が求められるようになってきたのかもしれません。

このような情報革命やそれと密接に関わるグローバリゼーション状況を見ていると、未来から振り返れば激動だったはずの「現代」をいま生きているのだと思い知らされます。しかしそんな慌ただしい時代だからこそ、いったん日々の生活から途中下車して「現代」の様相を客観的に眺めてみたくもなるものです。

◆モダン――近現代

「現代」は英語で言えばmodern（モダン）です。日本語の「モダン」には、昭和初期の「モダン・ボーイ、モダン・ガール（モボ・モガ）」や、戦後間もなく生まれたお好み焼きの一種「モダン焼き」にしても、すでにレトロな響きがあります。それもそのはずで、世界史においては「近代」（一般的に言えば西洋の市民革命、産業革命以降）もmodernと呼びならわします。よって「現代」を、それと区別して「post modern（ポスト・モダン）」（モダン以後）と呼ぶ動きも一九七〇年代以降盛んに起こってきました。ポスト・モダンという時代が本当にあった（ある）のかどうかは議論があるところなので深入りしませんが、そのポスト・モダン論者の代表格だったリオタールの言葉をここで紹介しましょう。

今日の文化・社会―すなわち（中略）ポスト・モダンの文化―においては、（中略）大きな物語は（中略）その信憑性をすっかり喪失してしまっているのである。[1)]

ときに、普遍的真理を精緻に追い求める哲学者の気付きに、芸術家が時代の空気を読み取る野生の嗅覚に近いものを感じることがあります。では信憑性の喪失が宣告された「大きな物語」とは具体的にどんな物語なのでしょうか。

原罪の愛によるあがないというキリスト教的物語、認識と平等主義による無知と隷属からの解放という啓蒙主義の物語、具体的なものの弁証法による普遍的理念の実現という思弁的物語、労働の社会化による搾取・疎外からの解放というマルクス主義的物語、テクノ＝インダストリアルな発展を通じての貧困からの解放という資本主義的物語。[2)]

これらの「大きな物語」が信憑性を喪失したということは、西洋社会によって生み出され、多くの国が依拠した「近代」というシステムの中で、人々がよいものだと固く信じていた物語が失われ衰退した、ということです。もちろん人々の意識を含め、社会システムがある時点をきっかけにガラリと変容するなどということはあり得ませんので、近代性や前近代性がまだらの様に点在する中でモダン以後（ポスト・モダン）の訪れ（＝近代を振り返る契機）を感じ取った、と解釈すべきだと思います。

◆近代とはどのような時代か

では、近代とは一体どんな時代だったのでしょうか。実はわれわれは、いまだに近代というシステムの下で生活しています。一言で言えば、近代とは普遍的「理念」を共有した「効率第一のシステム」と言えばわかりやすいでしょう。このシステムが世界規模で広がっていったのです。具体的にはまず、十八世紀後半のイギリスに端を発する産業革命で蒸気機関が発明され、工場での効率的な大量生産が可能となりました。資本家によって大量生産され、手作業と比して均一に仕上がった安価な商品が世界中に売りさばかれます。有限な資源を無限の欲望で食らい尽くし、儲けを生み出し続ける「資本主義」という経済システムの誕生です。

製品のみならず労働者も学校で効率的に生産（育成）されます。近代に生まれたこのしくみは今も昔もそう大きく変わりません。生徒は毎朝決まった登校時間に自席につくことが義務づけられます。季節に合わせて寝起きしていた農民を、定められた勤務時間に工場に通わせ、労働させるためのしつけでした。当然遅刻は懲罰の理由となります。整然と並べた机に座らされた多くの生徒は同じ方向を向き、おしゃべりを禁じられます。そして一人の教員が生徒と向き合い、均一な知識を教授すべく一斉指導するのです。飽きないよう趣向をこらした日課をこなす中で、適度に競争を促し、一定時間内における効率良いパフォーマンスを発揮することが求められました。全ては勤勉で生産性の高い労働者を育成するためのものです。

こうした学校を管理したのは国家です。近代の生んだ「国民国家」は効率的に国民を管理するシステムです。日本ではこれを明治時代に、世界の趨勢を鑑みて採用します（採用したから「日本国」ができました）。国境を確定した上で北海道から沖縄まで、多様な人々を日本人として括り、お互いに会話できるよう標準語も整備しました。統合のシンボルとしての国旗や国歌も当然登場します。現在、世界の言語数は約六〜七千と言われていますから、相応数の民族集団が存在するのに対して、国家の数は一九六（二〇一五年現在）です。つまり、相当強引な線引きだったわけです。こうしてできた「国民国家」は、均一で愛国心のある国民を効率的に育成し、自国の戦争や産業の発展に駆り立てていったわけです。少々えげつない言い方ではありますが。

一方、近代という時代は「民主主義」の花開いた時代でもありました。神が王権を与えたという前提に成り立つヨーロッパの絶対王政は、フランス革命（一七八九年）をはじめとした市民革命で幕を閉じます。ここでは、個々の人間は平等に理性を持ち、生まれながらに自由であり平等であるという新しい前提が提案されました。日本では明治初期に福沢諭吉が「天は人の上に人を造らず、人の下に人を造らずと云へり」と輸入した啓蒙思想です。啓蒙（enlightenment）とは「自分は百姓であの人はお武家さま、生まれが違う」と信じて疑わない無知な人々に「光を当てる」という意味です。「農民も、武士や職人、商人も同じ人間で、四民平等なんですよ」と彼らに気付かせたわけです。そして生まれながらに自由で平等な権利を持つ人々が、その権利を守るべく、合意の下で国家を作ったんだ、というフィクションが民主主義の礎となる社会契約説だったのでした。

そうしてできた民主社会の担い手は個人です。この個人を尊重する「個人主義」も近代的発想です。哲学の世界ではデカルトが「我思う、ゆえに我あり」（「考えている私」の意識作用だけが明晰・判明に疑い得ない）と述べて、かけがえのない個人が社会の主人公となりました。稲作農耕によって集団主義が染みついた日本でも、明治（近代）に入ると全ての国民（臣民）が名字を持ち、戸籍で管理され、個人が特定されるのです。

最後は「科学万能主義」です。近代以降の社会発展を支えたのが科学の進歩や認識であったことは疑いを挟めません。梃子の原理で大きな石を動かした人が魔術師と呼ばれた時代だってありました。それが近代に入り、中世のヨーロッパ社会で強制された神への信仰が、科学への信仰になだらかに取って代わられます。ガリレオ・ガリレイは「自然の書物は数学の言葉で書かれている」と述べ、自然現象を観察・実験で分析し、数式で表現しようとしました。さらにベーコンは「知は力なり」と考え、知識を得て自然を支配することで、人間の生活改善に活かそうと考えます。かつて人間が畏れを抱いていた自然を手中に収め、利用する時代が始まります。

確かに、われわれは一般的に仕事が遅い人より、早い人を重宝するでしょうし、また、運だけでチャンスを得た人や家柄で偉くなった人よりも、個人の意志と努力で成功を勝ち取った人を重んじるでしょう。さらに、一般的には独裁政治よりも民主政治をよしとするでしょうし、迷信よりも科学の正しさを信じています。そう言う意味でもわれわれは、いまだ近代という思考の枠組みで生きているのです。

◆21世紀少年・少女に

もう一度、リオタールの「大きな物語」の衰退に話を戻しましょう。ポストモダン云々の議論は置いておいて、彼が鋭敏に察知した時代の変化に耳を傾けてみたいのです。二〇世紀は二度にわたる世界大戦を経て、理性的とされた人間のおぞましい本性（例えばナチスによるユダヤ人の大量虐殺）が明らかになりました。その反省の下に再出発した戦後、西洋キリスト教文化圏で発明された近代という自明のシステムが広く世界を覆い、多少の実存的不安はあったにせよ、誰しもが科学の発展と豊かな人類の未来を信じて疑わなかった時代が確かにありました。

一九九〇年代に入ると、こうした近代のシステムの機能不全が次々と露呈します。冷戦が終結後表面化した民族紛争は国民国家の、「フロンティアの消滅」による先進国の行き詰まりと格差社会化は資本主義の（同じく効率優先のシステムだった社会主義も失敗します）、投票率の低下や政治的無関心は民主主義および個人主義の、環境破壊や地球資源の枯渇は科学万能主義の。

浦沢直樹が世紀を跨いで描いた大作マンガ『20世紀少年』は、映画にもなったので観たことがある人もいるでしょう。フォーク・シンガー遠藤賢司と同じ名前を持つ主人公の遠藤ケンヂが活躍する「本格科学冒険漫画」でしたが、私には、高度経済成長期に強く信じられ、世界万国博覧会にも充満していた単線的な進歩、まさに近代の「大きな物語」の変質を描いた作品に思えました。

私は、リオタールが「大きな物語」の衰退を提起した一九七九年に生まれました。小さい頃から「勉強して良い大学に入れば、良い就職先が待っている」と言われ続け、少年時代は「人類の夢、宇宙旅行」といったある種の「大きな物語」を信じていたことを思い出します。しかし小学六年生でバブル経済が崩壊。高校一年生ではオウム事件が起こり、社会に不穏なムードが漂います。結局就職時には就職難、教職を得るまでに七回職場を変えました。未来は明るい、というあの根拠なきムードは一体何だったのか、といまだに自問します。『20世紀少年』にはカルト宗教団体なども描かれており、自分の過ごした思春期の社会と重ね合わせて読みました。

では果たして二一世紀、今後どんな時代が待ち受けているのでしょうか。「どんな人生を送っていきたいですか」、とそんなことを「21世紀少年・少女」である生徒達にしばしば問いかけています。最近多く聞かれるのは「幸せでいたい」「自分の好きなことをしていたい」という意見です。かつては「有名になりたい」「お金持ちになりたい」なんて答えも多くあったものです。これは、単線的な成功・野望を良しとする「大きな物語」に生徒達が魅力を感じなくなってきたことと関係しているように思えます。外向きの価値基準がより内向きになったとも言えるでしょうか。

実はリオタールの議論には続きがあります。「大きな物語」が衰退した後には「小さな無数の物語」が遍在する、というのです。確かに老若男女が一斉に楽しむ大衆文化の時代(紅白歌合戦のような…)も衰退し、各自の嗜好は細分化しました。ただそれだけでは、価値基準が内向きになった先ほどの生徒の意見と表面的には相似形です。一九七〇年代にはローマ・クラブによる「成長の限界」という賢明な提言や日本の「モーレツからビューティフルへ」という秀逸なコピーもありました。そんな声もあった中で、無限成長を追求する近代という「大きな物語」は相変わらず生き延びています。もちろんそれに代わる脱成長やスローライフという新たな価値も提示されています。今こそ近代というシステムを俎に載せて吟味する宿題に、改めて取り組まなければいけない時が来ています。その試みは、新たな物語を探すことではありません。近代の問い直しを行う中で、今後、めいめいが小さな個別の物語に終始していくだけに留まるのか、それともグローバル・ローカルな普遍的価値を追求する努力が新たになされていくのかが、私たちに問いかけられているのです。

（石浦昌之）

あるブラック企業の話

◆綿菓子で儲ける方法

マルクスを短い時間で説明するために、次のようなたとえ話をしています。

生徒に、私（教師）が学校の正門前で放課後、綿菓子を売る商売を持ちかけます。「綿菓子の材料と綿菓子を作る機械は私が持っているから！」生徒はすぐ乗ります。生徒Ａと一緒に一生懸命働きます。綿菓子は売れに売れて、何と十万円の売り上げがありました。

そこで生徒に次のように質問します。

教師：「二人で平等に働いたのだから、売り上げのうち、いくらもらえるのが正当だと思う？」

生徒Ａ：「均等に五万円！」

教師：「私が九万円で、Ａが一万円。不満ですか？」

生徒Ａ：「不満です。」

教師：「不満ならいいよ。材料と機械は私が持ってるんだから、もうAとは組まないよ。」
次に、一万円で良いといった生徒Bと組みます。毎日の売り上げが十万円で、九万円が私、一万円が生徒Bといった状態が一週間続いた頃、私は生徒Bにこう告げます。
教師：「今日からは私が九万五千円、Bが五千円だ！」
生徒B：「何で急に…。」
教師：「Bに一万円も払うのが惜しくなったんだよね。いやですか。」
生徒B：「いやだよ。」
教師：「それじゃあ、Bはクビ！」
そこへ、生徒Cが名乗り出る。
生徒C：「私、五千円でいいです。やります。」
生徒Cは、その日の売り上げから五千円あげたら、涙を出さんばかりに喜んでくれた。こうして、毎日の売り上げ十万円から教師が九万五千円、生徒Cが五千円と分配する日々が一カ月ほど続いた頃、生徒Aと生徒Bが教師に詫びを入れてきた。
生徒A、生徒B：「先生、僕たちが間違っていました。五千円でいいです。僕たちも働かせてください。」
教師：「よしよし、やっとわかったか。じゃあ、私にはこの間稼いだお金がたっぷりあるから、そのお金でもう一台綿菓子の機械を買って、裏門でも商売をやろう。」

そこで正門では、教師と生徒C、裏門では、生徒Aと生徒Bで綿菓子を売りました。売り上げは合計二〇万円で、生徒たちには五千円ずつ、残りの十八万五千円は教師の取り分です。数ヵ月、この状態が続き、教師の懐は相当潤いました。

そうなると教師には、毎日、学校の正門前で綿菓子を売っているのがばかばかしく思えてきます。そうした時、生徒Dが「先生、私も働かせてください」とお願いにきました。そこで、正門前では生徒Cと生徒D、裏門では生徒Aと生徒Bが綿菓子を売ることになりました。

生徒A：「先生は、どうするの？」

教師：「ちょっと用事があるからこの場を離れる。しっかり働けよ。」

と言って、バーやキャバレーで大騒ぎして帰ってみると、疲れ切った生徒たちがいます。売り上げ二〇万円のうち、四人に五千円ずつ払って、残りの十八万円は、教師の懐に。教師はますます豊かになり、生徒は「働けど働けどわが暮らし楽にならず、じっと手を見る（石川啄木）」。

ここで、生徒に問います。

教師：「これで良い？」

生徒：「良くない！」

教師：「でも、これが資本主義社会なんだよ。みんなが会社に入って働くということなんだよ。ちょっと極端かもしれないけれど…。でもね、最近のブラック企業のことを考えるとあながち極端ともいえないね。」

◆経営者は労働者を分断する

さて、この後も話は続きます。

たんまり儲けた教師は、そのお金で綿菓子の工場を経営します。そして、生徒全員（四〇人）を労働者として雇います。そして生徒に告げます。

教師：「四〇人も雇ってあげるんだから、日給千円で良いね。経営も苦しいんだよ。」

こうして生徒を納得させましたが、実は一日の売り上げは何と百万円だったのです。売り上げのうち、生徒四〇人がもらえるのは総額四万円、教師は残りの九六万円です。教師は会社の経営者になって良い気分ですが、労働者となった生徒は辛い毎日です。

この現状に対して、当然、不満を持つものが出てきます。経営者である教師に「日給が安いよ。もっと日給上げてよ」と言うと、教師はその生徒をすぐにクビにしました。そこで、生徒たちは団結して労働組合を作り、その代表が経営者である教師と交渉することにしました。

生徒代表：「こんな日給では、生活できないよ。もっと上げてよ。それに労働環境も酷すぎる！」

教師：「生意気な、クビにするぞ。」

生徒代表：「僕をクビにしたら、生徒全員がストライキを打つぞ。」

生徒代表がそう言うと、教師は態度を一変して、生徒代表にこうささやきました。

教師：「君は、勇気とリーダーシップがあって素晴らしい。明日から君を工場長にしようと思う。君だけ日給二千円だ！」
生徒代表：「でも僕には仲間が…」
教師：「お前にも奥さんと子どもがいるんだろ。」
生徒代表：「…わかりました。工場長になります。」

こうして、生徒代表は裏切って教師の側につき、他の生徒を過酷に働かせるようになりました。他の生徒たちは、経営者である教師よりも直接の上司である工場長を憎むようになり、教師の立場は安泰になりました。生徒代表を工場長に任命した際、アップした日給の千円分は、他の生徒の日給を下げることによって埋め合わせたので、教師の取り分は変わりません。

また今回の件で生徒たちの団結を恐れた教師は、生徒たちを分断しなければならないと考えました。そのために工場内の職階を細かく定めました。工場長―副工場長―課長―課長補佐―係長―係長補佐―班長―副班長―一級社員―二級社員―三級社員……十級社員。日給もそれぞれの職階によって違い、競争して他者に勝たなければ上がらず、ノルマが達成できなければ下がる。こうしてアメとムチを使い分けながら生徒たちを分断して、競争させることによって、団結を阻止し、生産力のアップを図りました。さらに職階の条件に学歴や出身学校を加味することで、生徒たちの間に差別意識を持ち込み、分断を強固なものにしました。「あいつは、○○卒だからしょうがないよ」、「あいつは、△△卒だから出世するよな」……。日給は職階に合わせて細かく規定されていますが、生徒たちがもらう総額は変わりません。経営者である教師の取り分が減ったわけではないのです。

◆労働と疎外

そもそも労働とは、マルクスによると、欲求の充足だけではなく、人間の本質的な活動であり、労働を通して自己の能力を発揮し、創造性を高め、自己実現を図り、他者との社会的連帯を感じさせるものなのです。ところが、労働者が労働による生きがいや幸福を持てず、肉体は消耗し、精神は荒廃する状況になる。これを労働の疎外といいます。

具体的には、①労働が経営者に従属し強制されたもので、賃金のみで働くという、労働からの疎外、②売っている綿菓子は自分たちで作りだしたものなのに、それが経営者の所有になってしまうという、生産物からの疎外、③単調な分業労働の中で、社会的連帯感が失われ、競争や憎しみ、対立関係に置かれるという、類的存在（共同生活を送る生き物）からの疎外、④過酷な労働条件と少ない収入によって、生命の危険にすらさらされ人間性が失われるという、人間からの疎外です。だから生徒たち労働者が人間性を回復するのは、労働が終わった後ということになります。労働によって溜まったストレスを、酒を飲んだり、キャバレーにいったりして解消するという日常になります。

ここで、生徒に次のような説明を行います。

「このような現状で良いか。良いわけないよね。何が問題なのか。それは、経営者である教師でしょう。では経営者を変えたら、例えば、人柄のよい生徒が経営者になったら良くなると思う？…良くならないんだよね。なぜなら、経営者同士も苛烈な競争にさらされているから、油断すると会社がつぶれちゃう。それで労働者に対してこういう姿勢で臨むしかなくなっちゃう。つまり、経営者個人の問題ではなく、資本主義社会そのものの構造にその原因がある。」

「そもそも最初の、学校の正門前で綿菓子を売るという商売で、なぜ教師である私が金持ちになり、生徒が貧乏に陥れられたのかというと、教師が綿菓子の材料と機械を持っていたからなんだよね。この材料と機械、さらに工場などの施設を総称して生産手段といいます。この生産手段を教師が私物化していることが問題なんだね。これを生産手段の私的所有といいます。」

「そこで、経営者である教師を追放して、この工場を生徒たち労働者で共同管理するんだ。全員が経営者で全員が労働者だね。そうすると、一日の売り上げ百万円は全員で均等に分けることになる。四〇人のクラスだから一人あたり二万五千円。千円の日給から二五倍もらえることになる。これなら意欲も出てくるし、また命令されず、競争もなく共同して生産できるから働いていて楽しいよね。このように会社を労働者で自主的に共同管理する社会のことを社会主義社会というんだ。つまり、資本主義社会では生産手段の私的所有だけど社会主義社会では生産手段の社会的所有を行なう。まさに理想的な社会をマルクスは思い描いたんだ。」

「でもね、こうした資本主義社会から社会主義社会への転換は、経営者側からしたら恐ろしいことだよね。だから経営者は国家権力を握っている政治家等と繋がって、社会主義思想を持っている人たちを弾圧したんだ。プロシアではビスマルクが社会主義鎮圧法を制定したし、日本でも治安維持法によって社会主義者を弾圧したよね。だからマルクスは、まず労働者が革命を起して、国家権力を転覆させて労働者主体の社会主義国家が必要だと考えたんだ。そして今度はその国家権力を駆使して、国営企業のみにして、労働者による社会的所有を実現しようとしたんだ。その後、ロシアでロシア革命が起こってソ連ができ、二〇世紀中頃には地球上の約半分が社会主義国家という時代があったんだよ。」

生徒：「でも、その後、ソ連は崩壊したし、中国も資本主義経済を導入しています。北朝鮮（朝鮮民主主義人民共和国）は資本主義より豊かどころか悲惨な状況のようです。その理想が、何でこんな状態になっちゃったんですか？」

教師：「その話をすると長くなるから、聞きたい人は後で聞きにおいで。」

（西尾　理）

おわりに

現在、教育界では大きな変革が求められています。高大接続における大学入試の取り組みが変わり「思考力・判断力・表現力」を中心とした内容を導入するということ。学習指導要領を見直し、主体的・協働的な学習・指導方法であるアクティブ・ラーニングへの飛躍的充実を図ることなどです。また、国際社会で活躍できるグローバル人材も求められてきています。

しかし一方では、こうした時代にあって、先端の学問の枝だけにとらわれるのではなく、本質である幹に目を向けられる力が必要であると言う指摘もあります。人間としての視野の広さや、人と協働して新たな創造に向かうことのできる、「共感」できる力が求められているともいえるでしょう。

こうした心の豊かさ、人間力が求められている時代だからこそ、この本の出版の意義もあると思います。本書は、思想家の逸話を通した人物の魅力を浮き彫りにしたり、これまで取り上げられることが少なかった思想家に焦点を当てたり、身近な事例を踏まえて、正義等について、多様な思想家の視点から考えるプロセスを提示するなど、新しい切り込み口が豊富に示されています。本書が幅広く読まれ、倫理がいかに人を育てる大切な科目であるかを再認識して頂ければ幸いです。

（東京都高等学校公民科「倫理」「現代社会」研究会会長　山本　正）

本文註

第一章　善さや正しさをどう考えるか

プラトン　理想とイノセンス

1）藤沢令夫訳『国家（下）』岩波文庫、一九七九、十六―十七頁
2）池田美恵訳「パイドン」『世界の名著六』中央公論社、一九六六、五〇四―五〇五頁

エピクロス　快楽主義を貫く

1）「メノイケウス宛の手紙」、出隆・岩崎允胤訳『エピクロス―教説と手紙―』岩波文庫、一九五九、六九頁
2）同、同、七一頁
3）「断片その一」三三、同、九二頁
4）「メノイケウス宛の手紙」、同、六七頁
5）「断片その一」七一、同、一〇〇頁
6）「断片その二」七八、同、一二三頁

【参考文献】

出隆・岩崎允胤訳『エピクロス―教説と手紙―』岩波文庫、一九五九
岩崎允胤『ヘレニズムの思想家』講談社学術文庫、二〇〇七
木原武一『快楽の哲学―より豊かに生きるために―』ＮＨＫブックス、二〇一〇

ルソー「悪」と向き合う

1）本田喜代治・平岡昇訳『人間不平等起源論』岩波文庫、一九三三、八五頁

2）今野一雄訳『エミール』（上）岩波文庫、二〇〇七、二七頁

アダム・スミス「経済学の父」の道徳哲学

筆者注：ハチスンとスミスの著作からの引用は、既訳がある場合には参考にさせていただいたが、できる限り原文にあたり、一部訳語を変更しているものもある。『道徳感情論』からの引用はTMSと略記し、グラスゴー版の部、編、章、段落番号を表記する。

略称：

Corr.: Correspondence of Adam Smith, E. C. Mossner and I. S. Ross (eds.), Indianapolis: Liberty Fund, 1987.

IMP: Hutcheson, Francis.（1742）Philosophiae Moralis Institutio Compendiaria with A Short Introduction to Moral Philosophy, Luigi Turco (ed.), Indianapolis: Libety Fund, 2007.

TMS: Smith, Adam.（1759）The Theory of Moral Sentiments, D. D. Raphael and A. L. Macfie (eds.), Indianapolis: Liberty Fund, 1982.

1）スミスの生い立ちについては次の著作を参考にした。I・S・ロス　篠原久、只腰親和、松原慶子訳『アダム・スミス伝』シュプリンガー・フェアラーク東京株式会社、二〇〇〇

2）Corr.No. 274, p. 309

3）IMP, p.23

4）自然法学と訳したのは natural jurisprudence である。英語版では単に「自然法の知識（the

knowledge of the law of nature)」となっている（同、p.3）が、自然法学は人間の権利の問題だけでなく、のちに経済学として独立する家政学（Oeconomia）と、政治学とを含んでいる。

5）同、p.3

6）TMS, VII. iv. 34

7）同、VII. i. 2

8）同、I. i. 3.1

9）同、I.i.4.5

10）同、I.i.4.7

11）同、I.i.4.8

12）同、I. i. 5.5

13）同、III. 3.39

14）IMP, p.5

ロールズ　無知のヴェール

1）川本隆史ほか訳　ジョン・ロールズ『正義論』改訂版、紀伊国屋書店、二〇一〇、十八頁

2）同、四〇二―四〇三頁

3）村上隆夫ほか『高等学校 現代倫理』清水書院、二〇一四、一七三―一七四頁

4）山形浩生ほか訳　トマ・ピケティ『二一世紀の資本』みすず書房、二〇一四、二九頁

5）同、三二五頁

アマルティア・セン　ケイパビリティとは何か

1）四ノ宮 浩監督『BASURA バスーラ』（二〇〇九）、同監督『忘れられた子供たち　スカベンジャー』（一九九五）
2）大石りら訳『貧困の克服』集英社新書、二〇〇二、一六七頁
3）同、二八頁
4）東郷えりか訳『人間の安全保障』集英社新書、二〇〇六

もめる部活動

1）これをローマの法学者ウルピアヌスは、正義とは「各人に各人のものを与えようとする普遍的な意志」のことであるとしています。これは「等しき者を等しく扱うこと」と言い換えられ、正義論の基本的な考え方となっています。
2）フェミニズムには大きく二つがあるといわれます。第一波フェミニズムと第二波フェミニズムです。第一波フェミニズムでは公的空間における女性の権利獲得を、第二波フェミニズムでは家庭内の男性優位の構造の変革を社会に求めました。

第二章　宗教をどう考えるか

イエス　神の愛と人類愛

1）『口語訳　新約聖書』日本聖書協会、「マタイによる福音書」第五章四三―四八
2）同、「ルカによる福音書」第二三章三四

3）同、「ローマ人への手紙」第五章七—九
4）同、「テモテへの第一の手紙」第二章六
5）同、「マタイによる福音書」第二二章三四—三九

【参考文献】淵田美津雄著「真珠湾からゴルゴダへ」ともしび社、一九五四

パウロ　異邦人への使徒

1）『新共同訳　新約聖書』日本聖書協会、「コリント人への第一の手紙」第十三章四—十三
2）同、「使徒行伝」第九章
3）同、「コリント人への第二の手紙」第十章一三
4）同、「使徒行伝」第二〇章三三—三五
5）同、「テサロニケ人への第一の手紙」第五章十六—十八
6）同、「ガラテヤ人への手紙」第二章十六—二一
7）同、「ローマ人への手紙」第三章二三—二四
8）同、「ピリピ人への手紙」第三章五—八
9）同、「ローマ人への手紙」第十三章八

【参考文献】
半田元夫『キリスト教史Ⅰ』、今野國雄　山川出版社、一九七七
ピーター・カルヴォコレッシ著　佐柳文男訳『聖書人名事典　新装版』教文館、二〇〇五
矢島徹郎『パウロの選択　受け継がれる自活伝動の精神』いのちのことば社、二〇一一

カント　神を知ることはできるのか

1）邦訳は何種類かあるが、もっとも入手しやすいのは
篠田英雄訳『純粋理性批判』岩波文庫、一九六一
篠田英雄訳『判断力批判（上）（下）』岩波文庫、一九六四
波多野精一ほか訳『実践理性批判』岩波文庫、一九七九

一遍　一切の事を捨てて

1）『一遍上人語録』岩波文庫、三四―三五頁
2）『一遍聖絵』岩波文庫、二五頁

富永仲基　「加上」の説

1）司馬遼太郎『この国のかたち（一）』文春文庫、一九九三、一〇一頁
2）『翁の文』「日本の思想十八」筑摩書房、一九七一、一六〇頁
3）同、一六二頁
4）同、一五三―一五五頁

「放蕩息子」の話

1）『新約聖書』「ルカによる福音書」第十五章十一―三二

第三章　教育をどう考えるか

孔子　学ぶということ

1）金谷治訳註『論語』「学而篇一」岩波文庫、一九九九、十九頁
2）同、「為政篇十一」四〇―四一頁
3）同、「述而篇一」一二七頁
4）同、「子路篇五」二五二頁
5）同、「季氏篇十三」三三七―三三八頁
6）同、「（略）詩は心をふるいたたせるし、ものごとを観察させるし、人々といっしょに仲よく居らせるし、怨みごともうまくいわせるものだ。近いところでは父にお仕えし、遠いところでは君にお仕えする〔こともできるそのうえに〕、鳥獣草木の名まえもたくさん覚えられる。」「陽貨篇九」三五〇頁など
7）同、「為政篇十五」四二頁
8）同、「為政篇十八」四四頁
9）同、「陽貨篇八」三四八―三四九頁

福沢諭吉　児童教育者としての顔

1）福澤諭吉『福翁自傳』時事新報社、一八九八、三四〇頁（一部を常用漢字と現代仮名遣いに校訂、位置情報を加筆）
2）富田正文校注解説『福翁自伝』慶應義塾出版会、二〇〇三、二〇三頁

3）源昌久「福沢諭吉著『世界国尽』に関する一研究―書誌学的調査―」、空間・社会・地理思想第二号、一九九七、二頁

4）福澤諭吉『福澤諭吉著作集』第十二巻、慶應義塾出版会、二〇〇二、四四四、四六〇頁

5）石田雄編『近代日本思想大系二　福沢諭吉集』筑摩書房、一九七五、三〇〇―三〇一頁（筆者現代語訳）

6）源昌久「福沢諭吉著『世界国尽』に関する一研究―書誌学的調査―」、空間・社会・地理思想第二号

7）福澤諭吉『頭書大全　世界国盡　亜細亜洲　一』慶應義塾、一八六九、一―六頁（筆者現代語訳）

8）福澤諭吉『頭書大全　世界国盡　阿非利加洲　二』慶應義塾、一八六九、一―二頁（筆者現代語訳）

9）福澤諭吉『頭書大全　世界国盡　欧羅巴洲　三』慶應義塾、一八六九、六―七頁（筆者現代語訳）

10）福澤諭吉『頭書大全　世界国盡　北亜米利加洲　四』慶應義塾、一八六九、一―三頁（筆者現代語訳）

11）石田雄編『近代日本思想大系二　福沢諭吉集』筑摩書房、一九七五、三〇一頁

ソクラテス　人はなぜ間違うか

1）田中未知太郎訳『ソクラテスの弁明』「プラトン全集1」岩波書店、一九八〇、六二頁

デューイ　問題解決学習

1）清水幾太郎・清水禮子訳『哲学の改造』岩波文庫、一九六八

2）『中学校高等学校学習指導要領社会科編Ⅰ中等社会科とその指導法』明治図書出版、一九五一

3）ドナルド・A・ショーン　柳沢昌一・三輪健二監訳『省察的実践とは何か』鳳書房、二〇〇七

ハイデガー　根源にさかのぼる

1）ハイデガー『存在と時間』は、一九〇七年「哲学および現象学研究のための年報」第八巻で発表された。

高校生との「哲学対話」

1）『啓蒙とは何か』『カント全集』十四「歴史哲学論集」岩波書店、二〇〇〇、二五頁

第四章　現代社会をどう生きるか

リースマン「他人指向」の時代に

1）加藤秀俊訳『孤独な群衆〈上〉〈下〉』みすず書房、二〇一三、上一一三頁

2）同上、一五四―一五五頁

3）同下、二四六頁

和辻哲郎　風土論を読みなおす

1）『和辻哲郎全集』第八巻「風土」岩波書店、一九六二、第一章冒頭部七頁
2）『和辻哲郎全集』第八巻「風土」岩波書店、一九六二、序言、一頁
3）同、七頁
4）同、あとがき、二四一頁
5）『和辻哲郎全集』第十一巻、岩波書店、一九六二、「倫理学」下巻第四章一六七―一六八頁
6）同、一八三―一九一頁

新渡戸稲造　武士道と道徳

1）『帰雁の蘆』弘道館、一九〇七、二八頁
2）「東西相触れて」『新渡戸稲造全集第一巻』教文館、一九八三、三二三頁
3）同
4）ベルクソン　森口美都男訳『道徳と宗教の二つの源泉Ｉ』中央公論新社、二〇〇三、七〇―七一頁
5）『武士道』講談社インターナショナル、一九九八、二三六頁
6）同　一八四頁
7）重光葵『昭和の動乱　上』中央公論新社、二〇〇一、十七頁
8）『偉人群像』実業之日本社、一九三一、三六二頁
9）同、三六一頁
10）『武士道』講談社インターナショナル、一九九八、一八八頁

11）同、一九〇頁
12）同、二〇二頁
13）同
14）『修養』たちばな出版社、二〇〇二、三九七頁
15）『武士道』講談社インターナショナル、一九九八、二三八頁
16）ソ連軍侵攻の際、真岡郵便局電話交換手の女性十二名のうち九名が自決した事件。
17）『武士道』講談社インターナショナル、一九九八、二〇四頁

ニーチェ　ニヒリズムの超克

1）村井則夫訳『喜ばしき知恵』河出文庫、二〇一二、二一八頁
2）「遺稿　1983年夏12」、永井均『これがニーチェだ』講談社現代新書、一九九八、一一五頁
3）「ツァラトゥストラはこう語った」、同、一三五頁

リオタール　「大きな物語」の果てに

1）小林康夫訳『ポスト・モダンの条件』水声社、一九八六、九七頁
2）管啓次郎訳『こどもたちに語るポストモダン』ちくま学芸文庫、一九九八、四八頁

編集委員・執筆者一覧

編集委員

坂口克彦・村野光則・和田倫明

執筆者一覧（五十音順）

石浦昌之（いしうらまさゆき）東京都立三鷹中等教育学校教諭。一九七九年生まれ。学習院大学心理学科卒業。立教大学大学院文学研究科修了。修士（比較文明学）。

伊藤昌彦（いとうまさひこ）東京都立江北高等学校主任教諭。横浜市立大学文理学部文科卒業。第二電電（現ＫＤＤＩ）株式会社勤務。福島県立高等学校教諭。

宇田尚人（うだまさと）東京都立蔵前工業高等学校教諭。一九八五年生まれ。学習院大学人文科学研究科哲学専攻博士前期課程修了。修士（哲学）。

梅澤冬紀（うめざわふゆき）実践女子学園中学校高等学校非常勤講師。教職修士（専門職）。

小川泰治（おがわたいじ）早稲田大学大学院文学研究科博士後期課程在学。一九八九年生まれ。カント倫理学を専門に、学校での哲学対話の実践と研究にも取り組む。

小貫　篤（おぬきあつし）東京都立雪谷高等学校教諭。筑波大学大学院教育研究科社会科教育コース修了。専門は法教育（交渉教育）・公民科教育。

菅野功治（かんのこうじ）東京都立西高等学校教諭。東京都立大学大学院人文科学研究科社会学専攻中途退学。各種市民講座で、スピノザ・ニーチェ・ドゥルーズ等を勉強中。

黒須伸之（くろすのぶゆき）東京都立大森高等学校主任教諭・日本大学非常勤講師。一九五八年生まれ。日本大学大学院博士課程満期退学。東京学芸大学大学院修士課程修了。

小泉博明（こいずみひろあき）文京学院大学教授。早稲田大学第一文学部東洋哲学科卒業。日本大学大学院総合社会情報研究科博士課程修了。博士（総合社会文化）。

古賀裕也（こがゆうや）私立浦和明の星女子中学・高等学校非常勤講師他。一九七八年生まれ。文学修士（九州大学）、哲学修士（上智大学）。現在、哲学対話を研究。

坂口克彦（さかぐちかつひこ）東京都立豊多摩高等学校指導教諭。筑波大学大学院教育研究科社会科教育コース修了。教育学修士。

佐良土茂（さろうどしげる）元東京都立高等学校教諭。一九五〇年生まれ。茨城大学人文学部文学科（哲学専攻）卒業。茨城大学人文学専攻科修了。

西尾　理（にしおおさむ）東京都立国分寺高等学校教諭。一九五九年生まれ。横浜市立大学文理学部文科卒業。兵庫教育大学連合大学院修了。博士（学校教育学）。

松島美邦（まつしまよしくに）東京都立山崎高等学校教諭。早稲田大学教育学部卒業。

三井由美（みついゆみ）東京都立北園高等学校教諭。東京学芸大学教育学部社会科専攻社会学選修卒業。

宮路みち子（みやじみちこ）東京都立豊島高等学校主任教諭。学習院大学法学部政治学科卒業。東京学芸大学大学院教育学研究科修了。修士（教育学）。

村野光則（むらのみつのり）東京大学教育学部附属中等教育学校教諭。筑波大学第一学群人文学類哲学専攻宗教学コース卒業。筑波大学大学院教育研究科社会科コース修了。

山本智也（やまもとともや）筑波大学附属駒場中・高等学校教諭。一九八三年生まれ。

渡邉安則（わたなべやすのり）東京都立大山高等学校主幹教諭。一九五八年生まれ。横浜国立大学大学院教育学研究科修了。教育学修士。

和田倫明（わだみちあき）東京都立産業技術高等専門学校教授。一九五八年生まれ。東京大学文学部倫理学科卒業。筑波大学大学院教育研究科修了。修士（カウンセリング）。

◇**編集委員**
坂口克彦／村野光則／和田倫明

高校《こうこう》 倫理《りんり》が好《す》きだ！ 現代《いま》を生《い》きるヒント

定価はカバーに表示

2016年３月30日 初 版 第１刷発行

編著者 高校倫理研究会《こうこうりんりけんきゅうかい》
発行者 渡部 哲治
印刷所 広研印刷株式会社
発行所 株式会社 **清水書院**
〒102−0072
東京都千代田区飯田橋3−11−6
電話 03−5213−7151㈹
FAX 03−5213−7160
http://www.shimizushoin.co.jp

表紙・本文基本デザイン／ PNQ
乱丁・落丁本はお取り替えします。 ISBN978−4−389−22581−0